小さな習慣

Stephen Guise
スティーヴン・ガイズ――【著】 田口未和――【訳】

Mini Habits : Smaller Habits, Bigger Results

ダイヤモンド社

Mini Habits

by

Stephen Guise

Japanese translation published by arrangement with
Stephen Guise through The English Agency (Japan) Ltd.

はじめに

〝小さすぎて失敗すらできない〟ちょっとしたポジティブな行動

小さな習慣にたどり着くまでの10年間、私は自分の生活を変えようとあれこれ試しては、いつも失敗していました。最初の小さな習慣を始めたのは偶然からでしたが、自分で起こしたその変化が長続きしていると気づいたとき、それまで頼っていた方法がどれも間違いだったとわかりました。うまくいく方法を見つけたときには、何がうまくいかないかもはっきりするものです。人気の自己啓発の本が教える生活改善の方法は、正直言ってどれもあまりあてにはなりません。それに比べて本書で紹介する小さな習慣は、驚くほどの成功率。その理由は、科学が明らかにしてくれます。

小さな習慣とは、毎日これだけはやると決めて必ず実行する、本当にちょっとしたポジ

ティブな行動です。〝小さすぎて失敗すらできない〟ものなので、気軽に取り組むことができ、それでいてびっくりするほど効果があるため、新しい習慣を身につけるには最適な方法といえます。

小さな習慣を使えば、世界中の誰よりも、あなたの人生を変えるチャンスが高まります。習慣が長続きしないのは、自分自身に問題があると考える人が多いようですが、本当はやり方が間違っているだけなのです。小さな習慣なら、罪悪感に悩まされることも大きすぎる目標に怖気づくこともなく、望んでいたものが手に入ります。新年の誓いを立てる、モチベーションを上げる、あるいは「とにかくやってみる」など、失敗を繰り返すばかりの方法に頼る必要はもうありません。新しい習慣を長続きさせるには、自分の脳を味方につけることが大事です。脳の働きをうまく利用すれば、一生の習慣を身につけるのはずっと簡単になるでしょう。

本書は7章で構成されています。**最終的な目標は、あなたが自分の生活に健康的な習慣を取り入れ、それを長く続けられるようにすること**です。

最初の3章では、まず習慣とは何かを理解するため、脳の働き、意志の力、モチベーションを取り上げ、これらの要素がどう習慣に影響するかを考えます。次の2章では、3章までで得た情報を最も効果的に利用する方法を論理的、科学的に考えます。そして、最後の2章で小さな習慣の実践方法を具体的に説明します。それでは、各章の内容をもう少し細かく見ていきましょう。

1．小さな習慣とは何か？

まず、小さな習慣とは何か、から始めます。この章では、私がたった1回の腕立て伏せを本格的な筋力トレーニングにまで発展させたストーリーを紹介します（それについて書いた「腕立て伏せ1回チャレンジ」のブログ投稿は、大反響を呼びました）。また、なぜ生活を変えるために習慣が重要になるのかについても説明します。

第1章で学ぶこと ──小さな習慣とは何か、習慣の大切さ、私が最初の小さな習慣と巡り合ったきっかけ。

2. 脳を味方にする効果的な方法

この章では、人間の脳の働きについて考えます。脳の仕組みを理解しておくと、新しい習慣を築くのもずっと楽になります。脳を味方につける効果的な方法を考え出せるようになるからです。意識と無意識をつかさどる脳のふたつの領域について学び、それが私たちの毎日の行動にどう結びついているのかを見ていきます。

第2章で学ぶこと
——脳の働きは行動の変化とどう関係するのか、新しい習慣はどのようにつくられるのか。

3. モチベーションとわずかな意志の力

行動を起こすには次のどちらかが必要です。それをやり遂げようというモチベーションを自分に与えるか、わずかな意志の力で取り組むかです。このふたつはどちらが優れているのでしょう？　両方を使うのでしょうか？　科学がその答えを教えてくれるだけでなく、その力を最も効果的に使う方法へと導いてくれます。

第3章で学ぶこと――なぜわずかな意志の力（と小さな習慣）だけを使い、モチベーションは完全に無視したほうがいいのか。

4．小さな習慣を成功させるための心構え

ここからの2章は、応用編です。なぜ小さな習慣がいいのか、どう利用するのがいいのかを考えます。小さな習慣を成功させるには、そのための心構えが必要です。この章ではあなたがその心構えを持てるように導きます。

第4章で学ぶこと――小さな習慣をどう利用し、成功させるか。そのための心構えとは。

5．小さな習慣はなぜ優れているのか

この章では小さな習慣のどこが他の方法より優れているのかを探り、なぜあなたにとって効果的な方法になるのか、その理由を説明します。

第5章で学ぶこと　——あなたに合った方法で進められる小さな習慣の特徴。

6．大きな変化をもたらす「小さな習慣」8つのステップ

8つのステップを通して、あなたに合った習慣の選び方、続けるためのプランの立て方、スタートで失敗しないための方法を教えます。各ステップをさらに細かいパートに分け、なぜ小さくする必要があるのかを説明していきます。また、いくつかの具体的な取り組みとその実践方法についても紹介します。

第6章で学ぶこと　——小さな習慣を通して、新しい行動を生活の一部にしていくための方法。

7．「小さな習慣」を失敗させない8つのルール

最終章では、小さな習慣の8つのルールを紹介します。このルールを守れば、あなたの可能性は大きく開け、正しい道を着実に歩み、望む結果を得られるでしょう。

第7章で学ぶこと
——すばらしい結果を手に入れるため、また習慣化の失敗につながる間違いを避けるための小さな習慣の8つのルール。

それでは、いよいよ小さな習慣の旅の始まりです。旅の目的は、大きな結果につながる小さな習慣の仕組みと、そのすばらしさを発見すること。準備はいいですか？
案内役の私もこれからの旅が楽しみで仕方がありません。さあ、出発しましょう！

『小さな習慣』目次

はじめに
〝小さすぎて失敗すらできない〟ちょっとしたポジティブな行動……1

第1章 小さな習慣とは何か？

……17
この本を毎日最低2ページずつ、最後まで読み続けてください……18
すべてはここから始まった――「腕立て伏せ1回チャレンジ」……24
たった1回の腕立て伏せが、30分の筋トレに発展……26
小さな習慣は、よい習慣を長く続けるためのもの……32
小さな習慣は、ばかばかしいほど小さなステップから成り立つ……34
習慣は繰り返すことによって身につく……37

脳の抵抗と戦い、よい習慣を定着させる……40
ストレスと悪習慣は永遠に繰り返される負のサイクル……42
新しい習慣づくりにかかる日数は平均66日……45

第2章 脳を味方にする効果的な方法

……49
潜在意識の脳は効率が大好物……50
脳はゆっくりとした変化を好む……52
間抜けな脳と賢い脳をコントロールする……53
前頭前野《ぜんとうぜんや》は意志決定をつかさどる脳の司令塔……56
大脳基底核《だいのうきていかく》は習慣づくりの鍵となるプレイヤー……60

第3章 モチベーションとわずかな意志の力……63
モチベーションと意志の力の関係性について……64
モチベーションに頼っても習慣は身につかない……65
モチベーションが信頼できない理由……66
モチベーションを上げたいと思ってはいけない……68
行動することにモチベーションは必要ない……70
モチベーションと感情に頼らない「熱意減退の法則」……72
なぜ意志の力はモチベーションに勝るのか……75
意志の力は信頼でき、強化できる……76
意志の力は、スケジュール管理に役立つ……77
意志の働きが実証するもの……79
むずかしい決断は、意志の力を消耗させる……80
意志の力を消耗させる5つの原因……81

第4章

小さな習慣を成功させるための心構え

…… 83
小さな習慣で乗り越えられる5つの障害 …… 84
①努力 …… 87
②困難の自覚 …… 88
③否定的な感情 …… 90
④主観的な疲れ …… 91
⑤血糖値レベル …… 93
小さな習慣は、自分の限界点を超えていく …… 95
脳が変化に抵抗するふたつの瞬間 …… 99
最初のアクションがいちばんむずかしい …… 100
アクション後に起きる第二の抵抗 …… 101
精神的な抵抗と身体的な抵抗 …… 104

シナリオ1 あなたには運動するエネルギーはあるが、
やりたいと思っていない（精神的な壁）……105
シナリオ2 あなたは身体的に疲れているので
運動する気になれない（身体的な壁）……107
小さな習慣は、ライフスタイルに合わせて柔軟に取り入れられる……110

第5章 小さな習慣はなぜ優れているのか

第5章 小さな習慣はなぜ優れているのか……113
小さな習慣は、すでにある習慣と競い合う……114
小さなステップとわずかな意志の力があれば何でもできる……116
小さな習慣は、目標達成までの期日を設けなくていい……118
小さな習慣は、自分を信じるためのトレーニング……119
小さな習慣はあなたに自由を与える……122

小さな習慣は、抽象的な目標と具体的な目標を結びつける……125
小さな習慣は、「恐れ、疑い、おびえ、ためらい」を克服する……129
小さな習慣は集中力と意志の力を高める……130

第6章

大きな変化をもたらす「小さな習慣」8つのステップ……133

ステップ1 ―― 小さな習慣とプランを選ぶ……134
1週間の柔軟プランは、どんな習慣が向いているかわからない人におすすめ……127
単独の小さな習慣プランは、目標がはっきりしている人におすすめ……139
複数の小さな習慣プランは、ひとつの習慣で満足できない人におすすめ……140
選んだ習慣を〝ばかばかしいほど小さく〟する……143
週単位の小さな習慣を取り入れる方法……146

ステップ2 ――「なぜドリル」を使う……149
自分への問いかけのために「なぜドリル」を使う……150
ステップ3 ――行動開始の合図を決める……153
行動開始の合図を限定しない「フリースタイルの小さな習慣プラン」……156
小さな習慣は、開始の合図がなくても大丈夫……162
フリースタイルの小さな習慣についての私自身の経験……164
小さな習慣を始める瞬間の意志決定……167
ステップ4 ――報酬プランを考える……169
まずは自分の脳に褒美を与える……172
満足感がさらなる成功を呼び込む……175
報酬は意志の力を回復させる……176
ステップ5 ――すべてを書き留めておく……178
大きなカレンダーに書く……179

スマホなどのアプリを使う……182
ふたつの目標を同時に叶える「コンボプラン」……186
ステップ6――小さく考える……188
意志の力を強化するための小さな習慣……190
進歩が期待できる小さな習慣……191
意志の力の消耗を和らげる小さな習慣……195
ステップ7――スケジュールを着実にこなし、期待しすぎない……195
ステップ8――習慣になる兆しを見逃さない……198

第7章 「小さな習慣」を失敗させない8つのルール

「小さな習慣」を失敗させない8つのルール……203
1. 決してごまかさない……204

2.すべての進歩に幸せを感じる……205
3.頻繁に自分に褒美を与える……207
4.冷静さを保つ……209
5.強い抵抗を感じたときは、後戻りして小さく考える……210
6.どれほど簡単な課題かを思い出す……213
7.ステップが小さすぎるとは決して考えない……216
8.あまったエネルギーと野心はおまけに使う。目標は大きくしない……217

この本の終わりに
小さな習慣のオプション――小さな課題は徐々に増やす……218
もっと知りたい方は……221

第1章

小さな習慣とは何か？

「千里の道も一歩から」
――老子

この本を毎日最低2ページずつ、最後まで読み続けてください

さっそくですが、小さな習慣をひとつ始めてみましょう。

この本を毎日最低2ページずつ、最後まで読み続けてください。もっと多くのページを読むのはかまいませんが、少ないのはだめです。2ページだけなら読むのにたいした時間も努力も必要ありませんから、できないという言い訳は通用しませんよね。これであなたは小さな習慣がどんなものかを実際に試しながら、この本を読み進められるわけです。

今度は、今すぐ自分の鼻を触ってみてください。冗談ではなく本当に。理由はあとで説明します。触りましたか？　それでは、次のふたつの文章を読んで、あなたの人生にどう影響するかを考えてみてください。

1．大きな目標も行動が伴わなければ意味がない。

たとえば、私は毎日2時間運動する、と宣言することはできます。しかし、実際にやら

なければ目標がどれほど大きくても意味がありません。それどころか、目標に行動が伴わなければ、自信を失うだけです。

2．調査結果によれば、人はつねに自分の自己管理能力を過大評価している。

このふたつのシンプルな指摘から、なぜ多くの人が自分を変えようと努力してもうまくいかないのかがわかります。**大きな目標を掲げるのはいいのですが、その目標を達成する自分の能力を過大評価してしまっている**のです。願望と実行力のバランスがとれていません。

続けて、次のふたつの文章も考えてみてください。

1．何かを少しだけでもするほうが、何もしないよりずっと価値は大きい（数学的な意味でも実際にも）。

2．毎日少しずつするほうが、1日にたくさんするより大きな変化をもたらす。

どれくらい大きな変化でしょうか？　相当大きいはずです。なぜなら、これから本書で見ていくように、毎日少しずつ続ける行動が、一生の習慣の基礎になるからです。一生の習慣になるのですから、それは間違いなく大きな変化といえるでしょう。

この4つの文章をなるほどもっともだ、と思えるなら、こう結論できるはずです。**小さな目標は大きな目標より優れている！**　なかなか面白い発見だとは思いませんか？　でも、私たちの発見の旅はまだ始まったばかりです。

あなたは行き詰まりを感じたことがあるでしょうか？　自分を変えようと思って失敗したことは？　何度も試してみたもののうまくいかず、いつしかトライすることさえやめてしまい、気がつけば長い時間が経っていたことは？

こうした経験は誰にでもあると思いますが、もっと興味深い質問もできます。

あなたが目標を行動に移せず、計画どおりに続けられない理由が、あなた自身の問題ではなく、やり方の問題だったとしたらどうでしょう？　大勢の人が使い、その効果が認められているやり方だったとしても、です。それよりもっといい方法、しかも、これまでめったに使われることもなく、宣伝すらされてこなかった方法があるとしたら？　あなたがどう感じるかとは関係なく、その新しいやり方に切り替えるだけで、行動を起こし、目標を達成し、優れた習慣を身につけて、生活をすっかり変えられるとしたらどうでしょう？

小さな習慣の世界へようこそ。

ずいぶん大げさな話に聞こえるでしょうが、これからお話しするように、それがまさに２０１２年暮れのある日を境に、私の身に起こったことなのです。それまでの10年間、私はどうにかして自分を変えたいとあれこれ悩み、努力もしていましたが、いつも失望のうちに終わっていました。そんなとき、ふと試してみた方法が思いもよらない突破口になりました。そのおかげで、この小さな習慣という風変わりな方法がなぜうまくいくのかをはっきり理解できました。何もかもがうまくつながることにも驚きました。その驚きは今も変わりません。その結果として生まれたのが、この本です。

何かがうまくいかないとき、私たちはすぐに自分を責めてしまいますが、やり方が間違っていたと考えることはめったにありません。そのため同じことを何度も繰り返し、今度こそは成功させようと必死になるばかり。ところが本当は、ひとつの方法を何度か試してそれでも失敗するようなら、別の方法を試す必要があるのです。他の人たちみんなに効果がある方法だったとしても関係ありません。大事なのはあなたにとって効果があるかどうかなのですから！　私もそれをもっと早く学んでいたらどんなによかったかと思います。

ところで、私は少し前にあなたに自分の鼻を触るように言いました。その理由は、小さな習慣の世界を少しだけ、あなた自身で経験してほしかったからです。鼻を触ったところで何か褒美がもらえるわけではありません。それでもあなたが実行したのは、鼻を触るくらいなら簡単にできる、と思ったからです。さっきやらずにすませてしまった人は、今やってみてください（相当頑固なタイプの人は、何か別のちょっとした行動でもかまいません）。そうすれば、次の文章をこの本を読んでいるみなさん全員に贈ることができますから。

あなたが自分の鼻を触ったのは、そんなことはやりたくないと思う気持ちよりも、やろうとするわずかな意志が勝ったからです。おめでとう！　これであなたには小さな習慣を始める力があるとわかりました。

私があなたに与えた小さな課題は、意志の強さを試す簡単なテストだったのです。鼻に触るように自分に強いる力があるのなら、これから紹介していく変化のための行動でも成功を収められるはずです。これは、冗談ではなく本当に。この本は2012年12月28日に私がたった1回の腕立て伏せをしたことがきっかけで生まれました。その後、16回続けて腕立て伏せができるようになったのも、結果的に体力が向上したのも、その最初の1回があったからでした。その同じ1回の腕立て伏せのおかげで、毎日読み書きをする習慣も身につきました。つまり、1回の腕立て伏せが、私の生活に起こったすべての大きな変化の最初の一歩になったのです。

どんなに大きな成功も、そこへ向かう最初の一歩があります。スタート地点に戻ってみれば、すべての始まりになった小さな一歩が見えるはずです。あの1回の腕立て伏せがなければ、私は今もまだ、ジムに通うにしても、毎日読み書きをするにしても、やる気を引き出すのに苦労していたでしょう。1回の腕立て伏せが私をこの新しい方法に導いてくれました。それがすばらしい結果につながりました。それでは、私の生活を大きく変えたそのひとつの小さな行動についてお話ししたいと思います。準備はいいですか?

すべてはここから始まった――「腕立て伏せ1回チャレンジ」

私はこれを〝黄金の腕立て伏せ〟と名づけようと考えています。

2012年の暮れも押しせまった12月28日のことでした。多くの人と同じように、私は2012年を振り返り、ぱっとしない1年だったことに失望しました。2013年はもっといい年にしたいと思い、第一の目標に掲げたのがフィットネスです。ただ、それを新年の誓いにするつもりはありませんでした。もう何年も前に新年の誓いを立てるのはやめていました。そうした誓いの達成率はたったの8パーセントだと知ったからです。

その数字なら、ラスベガスのカジノで勝つ確率のほうがもっと高いのでは、と思ってしまいます。私は高校時代の終わりから運動を習慣にしようと努力してきたのですが、10年がんばってもだめでした。それどころか失敗ばかりしているうちに、どんどん自信を失ってしまいました。私の場合、自分を変えたいという意気込みはたいてい2週間しか持ちません。いつもそのくらい経つと、何らかの理由であきらめてしまうのです。ときにはこれといった理由もなく、気がつくとただやめていた、ということもあります。2012年も残りわずかになったこの日、私は年が明ける前に早く何か始めなければ、とあせっていました。スタートが1月1日になれば、新年の誓いのように感じてしまうからです。そこで、その場ですぐ30分の筋トレをしようと決めました。

ところが、どうしても体が動いてくれません。やる気にならないのです。いつもの〝モチベーションを上げる〟ための儀式も試しました。ほら、スティーヴン、真のチャンピオンは人より多く練習するものだろう？　そう自分に言い聞かせ、アップテンポの音楽をかけ、引き締まった体でビーチにいる自分を想像したりもしてみました……が、何をしても無駄でした。自分が不格好で、無気力で、価値のない人間だと感じるばかりです。**30分の運動は、私にとっては目の前に立ちはだかるエベレストでした。**運動するという考え自体にまったく魅力が感じられません。私はひどい敗北感に襲われ、実際に敗北者でした。

私を怖気づかせたのは、単に30分の運動にかかる時間やそのための努力ではありません。**自分が掲げるフィットネスの目標を達成するために、この先どれだけ多くの時間や努力が必要になるのだろうと思うと、そのあまりに大変な道のりに圧倒されてしまったのです。**出発点から目的地までが遠すぎました。1年もトレーニングを続けるかと思うと、気分がずっしり重くなりました。つまり、私は実際に何かを始める前から罪悪感を覚え、恐れをなし、勇気をくじかれていたのです。

たった1回の腕立て伏せが、30分の筋トレに発展

それより数カ月前に、マイケル・マハルコの『アイデアのおもちゃ箱』（ダイヤモンド社刊）という本を読んでいました。問題解決のための独創的な発想力を鍛えることをテーマにした本です。マハルコが紹介している創造的思考の〝おもちゃ〟のひとつは、「みせかけ（False Faces）」と名づけられていました。これは、いつもの考え方を逆転させて、そこから独創的なアイデアを引き出そうというものです。わかりやすい例を挙げてみましょう。高層ビルを建てる代わりに、地中深くに埋まった建物をつくるとしたらどうでしょう？　そう考えると、ふだんの思考法から離れて選択肢を広げるように強いられるため、創造的な新しいアイデアが生まれてくるはずです。

私には30分の運動という解決しなければならない問題がありました。そのとき、**この逆転の発想というテクニックをふと思い出し、30分の運動の反対にあるものを考えてみまし**

た。アイスクリームを食べたりテレビを見たりするのも、運動とは反対の行動といえるでしょう。次に考えたのは、私にとって30分もの運動は、とてつもなく大きな挑戦（エベレスト）に思えるということでした。だとすれば、運動のスケールという点での反対という考え方もできるはずです。汗をかきながら不快な思いをして30分の筋トレをする代わりに、腕立て伏せを1回だけするのはどうだろう？　それ以上を自分に強いることなく、とにかく1回だけ腕立て伏せをすることを目標にしてみては？　それこそが私にとって、本当の意味で30分の運動の反対といえるものでした。

このばかげた考えを、最初は自分でも笑い飛ばしました。なんて哀れなんだろう！たった1回の腕立て伏せぐらいで何が変わるっていうんだ？　もっとたくさん運動しなければならないことはわかっているじゃないか！　しかし、それから何度も最初のプランに戻って試してみたものの、どうしてもうまくいきません。30分の運動という目標を達成できないことにうんざりした私は、ついにこう思いました。もういい、とにかく1回だけ腕立て伏せをしよう。私は床に手をつき、1回腕立て伏せをしました。そして、それが私の生活をがらりと変える1回になったのです。

腕立て伏せの体勢に入ったとき、それが30分のトレーニングメニューを始めるときとまったく同じ体勢だと気づきました。実際にやってみると、肩が抜けそうになり、ずっと使っていなかったひじはギシギシ鳴って、潤滑オイルが必要なほどさびついていました。筋肉が24年ぶりに目覚めたかのようです。それでも、休むことなくさらに何度か続けました。すでにその体勢に入っていたからです。久しぶりに使った筋肉と頑固な脳には、その1回1回がとてもきつかったことを覚えています。

立ち上がると、これでも何もしないよりはずっといいと思えました。この時点ではもうこれだけでやめるつもりだったのですが、そのとき、ついでに懸垂1回を加えるのはどうだろう、という考えがひらめきました。たった1回。ばかばかしいほど小さな挑戦です。そこで、懸垂用のバーをセットして1回だけやってみました。それから、あと何回か続けました。面白いじゃないか、と思いました。確かにきついけれど、想像していたほどじゃない。

これで筋肉が温まってきて、ついに、もっとやりたいという気持ちが芽生えてきました。とはいっても、始めた時点でのモチベーションがあまりに低かったために（そして、もちろん私がひどい体型だったために）、運動なんてしたくないという後ろ向きの気持ちもまだ相当残っていました。そこで、これならできると思える小さな目標を一度にひとつずつこなしていく方法を続けることにしました。たとえば、腕立て伏せをこなすには、７つのもっと小さい目標が必要でした。オーケー、あと1回、オーケー、あと2回、そう、もう1回だけ、といった感じです。簡単すぎるくらいの目標を目の前にぶら下げて少しずつ先に進むのです。すると、無事にその目標をクリアできるだけでなく、それ以上こなせることもありました。挑戦する目標を立ててそれを達成するというのは、どんなに小さな目標でも気分がいいものです。

終わってみると20分運動を続けていたことに気づき、自分が誇らしく思えてきました。いつものトレーニングメニューなら、10分の指導ビデオを見ながら腹筋運動を始める時間です。あと10分、という考えが頭に浮かんだとき、私の脳はすぐさまその考えを葬り去ろうとしました。「もう十分楽しんだだろう？　これ以上は欲張らないほうがいい」と脳は訴えていました。でも、私が次に何をしたかは、おそらくあなたにも想像がつくでしょう。

私はフロアマットを敷くことにしました。脳がそれを受け入れました。次に、腹筋ビデオを探すことにしました。脳はそれも受け入れました。それから、再生ボタンを押しました。10分後、私の腹筋は燃え上がりそうなほど熱くなっていました。ここに至るまでの行動がすべて別々の決断だったことは重要です。どの時点でも、10分の腹筋プログラムをやり通すという考えは頭に思い浮かべませんでした。もしそうしていたら、きっと最後まで持ちこたえられなかったでしょう。

こうして、**たった1回の腕立て伏せが、絶対に無理だと思っていた30分の筋トレにまで発展したのです。**その翌日、**私は自分のブログに「腕立て伏せ1回チャレンジ」を書きました。それが、私がこれまで書いてきた中で最も反響を呼んだ投稿になりました。**同じやり方で運動の継続に成功した人たちから、今でもメッセージを受け取っているほどです。

2013年を通じて、この腕立て伏せ1回チャレンジを毎日続けました。たいていはそれ以上の回数をこなしました。ところがある日、夜ベッドに入ってから腕立て伏せをし忘れていたことに気づきました。それでどうしたかというと――その場でぱっとうつぶせになり、ベッドの中で腕立て伏せをしました。ぎりぎりのところで日課を忘れずにすんだ、と思うと、なんだかおかしくなりました。どうでもいい話に聞こえるかもしれませんが、これほどたやすく目標をクリアでき、記録をとぎれさせずにすんだことが驚くほどの快感でした。あとになって、この1回が私の成功にとってどれほど大切だったかを知るのです。

この経験を通して、気がついたことがふたつありました。まず、1日に数回の腕立て伏せをするだけで、体も心も、感じ方がずいぶん違います。自分がたくましくなったと感じ、筋肉も着実についてきました。そして、**本当にばかばかしいほど簡単な挑戦でさえ、運動は習慣になると気づきました。**とにもかくにも、私は毎日何かを続けることに成功したのです。そのおかげで、普通のトレーニングメニューをこなすのも楽になっていきました。小さなステップを積み重ねるほうが、最初から大きな目標に取り組むより効果があると気づいた私は、これは科学的に説明できる現象なのだろうか、と興味を持ちました。そして、調べてみたところ、本当に科学的な裏づけがあるとわかりました。その発見については本書を通じてみなさんにもおいおい紹介していきます。もっとも、「小さな習慣こそが答えだ」と明言している研究はひとつとしてありません。人間の意志の力と脳の働き、行動の継続に必要な要素を明らかにしてきた数十もの研究のおかげで、小さな習慣という方法が編み出されたのです。

6月下旬になって、私の筋力トレーニングはついに自宅からスポーツジムへとステップアップしました。その後、さらに筋肉をつけることに成功しました。この小さな習慣は運動以外の行動、たとえば読んだり書いたりする習慣にも応用できるのではないかと気づいたのが9月20日のことです。さっそく実行に移し、それ以来、たくさんのものを書き、健康的な体型を維持できている自分に驚いています。望んでいたことすべてが現実になってきました。たとえば最近になって、以前は苦痛でしかなかった大盛りのサラダさえ食べるようになりました。いつしか自分からそれを望んでいたのです。フィットネスや学習のような、自分を大きく変える習慣がうまく身につくと、生活の他の面にもよい影響を与えるものなのです。

小さな習慣は、よい習慣を長く続けるためのもの

先へ進む前にお断りしておきますが、この本は禁煙やギャンブル依存症の克服を助けるための本ではありません。**小さな習慣として取り入れるのはよい習慣だけです。**つまり、あなたの生活を豊かにするポジティブな行動を、長く続けられるようにするのが目標です。悪習慣を断ち切ることも、よい習慣を築くことも、実際には目指すところは一緒です。要するに、悪い行動をよい行動に置き換えたいのですから。ただ、悪習慣を断ち切ろうとするのは、何か悪いことから遠ざかる行動です。よい習慣を築こうとするのは、何かよいことに向かっていく行動です。**小さな習慣は、よいことに向かっていく行動だけを対象にし**

ます。

薬物依存のように自分から手を出してやめられなくなった悪習慣を改めようとするときには、心への働きかけの方法が異なるため、専門家の助けが必要になるかもしれません。もっとも、怠け癖や不安、時間をだらだら無駄に過ごす習慣を、時間をかけて改めようというのなら、この本は大きな助けになるでしょう。これらの悪習慣は、生活の中によい習慣を取り入れることで徐々に追いやることができます。自分の時間をせっせとよい習慣に使っていれば、悪習慣を続ける時間などなくなりますから。それに実のところ、小さな習慣を使えば、驚くほど簡単によい習慣を増やせるのです。無理に改善しようと思うと、またすぐ元の生活に戻ってしまいがちですが、10年もかけて（人によってはもっと時間をかけて）変化に抵抗する自分の脳と格闘してきたのなら、脳を味方につける方法を使えばもっとたやすく目標を達成できるはずです。

小さな習慣という考え方は人生哲学でもあり、何をするにもいちばん大事なのは最初の一歩だと教えています。最初の一歩が大きな目標の達成へとつながるのです。それが、一生の習慣の基礎になるだけでなく、生活のあらゆる面であなたの助けになるはずです。私は心からそう信じています。小さな習慣を通して、たくさんの人が自分の生活を変えることに成功してきました。あなたもぜひその仲間に加わってください。

小さな習慣は、ばかばかしいほど小さなステップから成り立つ

小さな習慣とは、あなたが新たな習慣にしたいと思っている行動を、もっともっと小さい形にしたものです。毎日100回の腕立て伏せが目標なら、毎日1回の腕立て伏せをする。毎日3000ワードの文章を書くことが目標なら、毎日50ワードを書く。いつもポジティブに考えたいのなら、一日にふたつポジティブなことを考える。起業家として人生を送りたいのなら、（たくさんの発想が可能な中で）一日にふたつのアイデアを考え出す、といった感じです。

小さな習慣は、〝ばかばかしいほど小さな〟ステップから成り立ちます。小さなステップというコンセプト自体は新しいものではありません。ただ、その小さなステップが、なぜうまくいくのか、どう作用するのかについては、これまで十分に分析されてきませんでした。もちろん、何が〝小さな〟ステップになるかは人によって違うでしょう。あなたに

とっては小さな一歩でも、私にとっては大きな跳躍かもしれません。〝ばかばかしいほど小さい〟と声に出して言ってみれば、その行動が本当に小さなステップかどうかがわかるでしょう。あなたがすでにできる多くのことに比べて、ばかばかしいほど簡単に聞こえるとすれば、それは間違いなく小さなステップです。

小さな習慣には多くの長所があります。応用の幅が広く、いつもポジティブな気持ちでいられます。ひとつの達成が次の達成につながり、つねに成功できるため、自然に自己肯定感が高まります。もちろん、小さな習慣として始めた行動がやがて本物の習慣に変わっていきます。そして、これはあとから説明しますが、小さな習慣にはもともと力が備わっています。これは、見た目にはシンプルでも、実はうまく考え抜かれた生活改善の方法なのです。

小さな習慣の基本は、こんなに簡単でいいの？　と思うくらいの課題を自分に与え、それをほんのわずかな意志の力を使って実行するというものです。腕立て伏せを1回するのに、あるいはひとつかふたつのアイデアを思いつくのに、それほど強い意志は必要ありませんよね。

小さな習慣を使えば、驚くほど大きな成果が得られます。まず、小さな課題をこなしたあとに、ほとんどいつも〝おまけ〟でもっと多くをこなせます。これは、私たちがすでにポジティブな行動を望んでいて、いったん始めてしまえば、やりたくないと抵抗する気持ちも弱まるからです。そして、**小さな習慣として始めた行動は徐々に生活の一部になっていきます。**たとえ自分で決めた目標を毎日上回れなくても、その行動は（小さな）習慣に育ちます。そうなれば、〝おまけ〟を加えるのも楽になり、やがて小さな習慣から大きな習慣へと成長するでしょう。この方法のもうひとつ優れた点は、つねに成功できることです。２００８年の金融危機のころ、銀行は「大きすぎて潰せない」という言葉がありましたが、小さな習慣の場合は「小さすぎて失敗するわけがない」といえます。そのため、目標を達成できない自分への失望感や罪悪感に悩まされる心配もありません。なんといっても、最初から毎日の成功が約束されているのですから。つねに目標を達成できることが励みとなり、さらに続けようと思うポジティブなサイクルが生まれます。私は小さな習慣から、立ち止まらずに進み続ける力をもらいました。以前には、始めることさえできないと感じていたのですから、これは大きな変化です。

簡単にまとめておきましょう。小さな習慣とは、毎日これだけはやると決めて必ず実行する、本当にちょっとしたポジティブな行動です。ばかばかしいほど小さなステップの積み重ねなので失敗する心配などまったくなく、毎日続けるうちに習慣として定着します。
小さな小さなステップと習慣、このふたつは結ばれる運命にあるのです。

習慣は繰り返すことによって身につく

それでは、すぐにでも毎日の生活に小さなステップを取り入れるといいのでしょうか？確かにそうなのですが、生活を形作るのは習慣ですから、それを利用しない手はありません。私が「腕立て伏せ1回チャレンジ」を通して小さなステップの力を発見したときには、自分の特別な力に気づいたスーパーヒーローにでもなった気分で、「この力はどう使うのがいちばんいいだろう？」と考えました。その答えが、習慣にするというものでした。

習慣ほど重要なものはありません。ですから、この本でも小さなステップに分けて習慣を築いていく方法に取り組みます。**デューク大学の研究によれば、私たちの行動の約45パーセントは習慣で成り立っている**そうです。実際には、45パーセントという数字以上に重要ともいえるでしょう。なぜなら、習慣とはしばしば（多くの場合は毎日）繰り返される行動のことをいい、その積み重ねが将来の大きな成功または失敗につながるからです。

毎日1000ワードの文章を書き続けると、1年に36万5000ワード書く計算になります。これは5万ワードの小説7作分に当たります。レフ・トルストイの58万ワードの超大作『戦争と平和』に比べれば、ささやかなものかもしれませんが、わざわざトルストイと比べる必要もないでしょう（トルストイならなんと言うか、意見を聞いてみたいところです）。

名作とされている小説で約5万ワードの長さのものには、次のようなものがあります。
・ダグラス・アダムスの『銀河ヒッチハイク・ガイド』（4万6333ワード）。
・スティーヴン・クレインの『赤い武功章』（5万776ワード）。
・F・スコット・フィッツジェラルドの『グレート・ギャツビー』（5万61ワード）。
もちろん、あなたが最初から（あるいは最初の100回でも）こうした世界的名著に並ぶ小説を書くことはないかもしれませんが、毎年7作のペースで書き上げていけば、間違いなく書く技術が磨かれていくはずです。

人生を大きく変える可能性のある習慣には、次のようなものもあります。

・1日に20分の運動を習慣にすれば、次第に筋力がついて体型を変えられる。

・健康的な食品を食べる習慣は、長生きする可能性を増す（しかもエネルギーに満ちあふれた生活を長く続けられる）。

・毎朝1時間早く起きて読書をすると、1年では365時間になる。読むスピードが1分当たり平均300ワードとすると、365時間で657万ワードを読む計算になる。

これは、5万ワードの本で131冊分に相当します。これだけたくさんの本を読めば、ものすごい知識が蓄積されるのは間違いありません。

メリアム・ウェブスター辞典では**習慣を**「物事をする通常の方法、ある人が日常的に繰り返してする何かの行動」と定義しています。私の場合は、**「あまりに簡単なので、しないよりするほうがいいと思える行動」と定義したいと思います。**この本では、やりたくないと抵抗する気持ちと、やり遂げようとするわずかな意志の力という点から習慣を考えていきます。

誰であれ、いきなり習慣を身につけることはできません。今すぐ習慣をひとつ手に入れたり捨て去ったりはできません。習慣はあくまで繰り返しによって身についていくものです。

脳の抵抗と戦い、よい習慣を定着させる

脳の中の通信チャンネルとなるのが神経経路です。この経路こそ、習慣を目に見える形にしたものといえます。

その仕組みを説明しましょう。特定の習慣をつかさどる神経経路が何かの合図や外からの刺激で活性化すると、その神経経路に沿って電気信号が走ります。それが習慣化された行動へとあなたを駆り立てます。たとえば、朝起きてすぐにシャワーを浴びるのが習慣になっているのなら、その行動にはすでに決まった神経経路が割り当てられています。そのため、目を覚ますと自動的に〝シャワーの神経〟が作動し、あなたはゾンビのように浴室まで歩いていきます。いちいち考える必要はありません。これが習慣の魔法であり呪いでもあるのですが、そのどちらになるかは、よい習慣か悪い習慣かによって決まります。習

慣として定着していくにつれ、その行動と結びついた神経経路はどんどん太く強くなっていきます。

この仕組みさえわかってしまえば、私たちの目標もシンプルではっきりしてきます。つまり、**何度も同じ行動を繰り返すことで専用の神経経路をつくり、それを強化していけばいい**のです。こう書くと簡単に聞こえるかもしれませんが、実際にそうするには脳の抵抗という厄介な壁を乗り越えなければなりません。自己啓発の本が教える多くのやり方は、こうした脳内のせめぎ合いを考えに入れておらず、脳の抵抗を取り除くのがどれほどむずかしいかについては、ほとんど書かれていません。そうでなければ、「これはきっと大変な挑戦になる。絶対にやり遂げるという強い気持ちを持たなければ達成できない」などとモチベーションを上げるように促し、あいまいで役に立たない誓いを立てておしまい、というものばかりです。脳内の抵抗と戦うためのしっかりしたプランがないと、エネルギーが無駄に失われ、矛盾に悩み、最初はやる気がみなぎっていたとしても、早い段階であきらめてしまうでしょう。こんなふうに書くと、ずいぶんモチベーションの力を軽視しているように聞こえるかもしれません。でも実際に、**私は10年以上モチベーションを上げる方法に頼って失敗を続けてきたのです。**これについてはまた後ほどお話ししましょう。

ストレスと悪習慣は永遠に繰り返される負のサイクル

習慣が重要という話が出たついでに、ストレスについても考えてみましょう。

今の社会はこれまでになく速いペースで動いています。そのため、誰もがストレスを抱えているように見えます。人生は計画どおりに進むことなどなく、ストレスを感じずに世の中を渡っていくのは不可能です。それでも、ほとんどの人は「ストレスは習慣にどんな影響を与えるのだろう」などと考えたりはしません。

ストレスを抱えると、習慣化された行動をとることが（よくも悪くも）多くなるとわかっています。 UCLAとデューク大学でおこなわれた実験で、人はストレスが増すと習慣的な行動に頼ろうとするという結果が出ました。ウェンディ・ウッド教授は『ジャーナル・オブ・パーソナリティ・アンド・ソーシャル・サイコロジー』誌に掲載された研究報告でこう述べています。「人はストレスを抱えているとき、意志の力が弱まっているとき、あるいは重圧に押しつぶされそうになっているときには簡単に決断を下せなくなる。疲れすぎて決断できないときには、いつもしていることをただ繰り返す傾向がある」。これは、よい習慣にも悪い習慣にも当てはまります。私たちの生活で習慣がどれほど重要かを理解するためには、このことを知っておく必要があります。

少しだけ時間をとって、悪習慣が原因のストレスで神経がまいるとどうなるかを想像してみてください。ストレスが悪習慣の引き金となり、それが罪の意識と苦しみを引き起こし、そのためにストレスがさらに増し、再び悪習慣を引き起こします。要するにこれは、**ストレスと悪習慣が永遠に繰り返される負のサイクル**です。それでは、今度は習慣によってストレスが自然に解消されるとどうなるかを想像してみてください。たとえば運動でもいいでしょう。この場合には、ストレスがあなたの背中を押してスポーツジムへと向かわせ、運動によって緊張がほぐれます。このように、よい習慣か悪い習慣かで、あなたの生活に与える影響は驚くほど異なり、一方は人生の数々の困難に直面しても、あなたを成功への正しい道へと導きますが、もう一方はつねにあなたを負のサイクルへと迷い込ませます。私はアメリカンフットボールのファンなので、アメフトの試合で一気に形勢が逆転する様子が思い浮かびます。片方のチームが1ヤードラインからタッチダウンを決めようとしていますが、クオーターバックの投げたボールがインターセプトされ、相手チームが逆にタッチダウンを決めるのです。ボールを奪われたチームにとっては、これはただ敵に7

点取られたというだけではありません。自分たちが獲得するはずだった7点をもぎ取られたのですから、合わせて14点を奪われたのも同然なのです。ストレスを抱えていると、すべての習慣が「14ポイントの大逆転」になる可能性があります。

このことからもうひとつわかるのは、**生活はそう簡単には変えられない**ということです。**ストレスレベルが高くなると、生活を変えるのはもっと大変になります**。だからウッド教授が言っているように、「いつもしていることを繰り返す傾向がある」のです。もしストレスのためにいつもの習慣に頼ってしまうのであれば、それ以外の行動から逃げ出すことにもなります。その中にはぜひとも習慣にしたいポジティブな新しい行動も含まれるはずです。

みなさんには見えないでしょうが、今、私はにっこり微笑んでいます。早くもこの段階で、ストレスを抱えているときには、普通の習慣づくりの方法では効果がないとはっきりしました。これらの方法を使うと新しい習慣を身につけるどころか、それまでの悪習慣が強化されてしまうからです。でも大丈夫。小さな習慣は、あなたを決して見捨てたりはしません。

新しい習慣づくりにかかる日数は平均66日

習慣づくりにかかる時間は人によって、あるいは状況によって異なります。何か別のことを言う人は、どこかで耳にした（間違った）話を繰り返しているにすぎません。

21日でも30日でもない――自分の生活を変えたいと思っている大勢の人のために、私はこの言葉をありとあらゆる掲示板に貼り出したいくらいです！「新しい習慣は21日で身につく」という神話は、おそらく形成外科医のマクスウェル・マルツ博士の研究から生まれたものでしょう。マルツ博士は手足の切断手術を受けた患者がその状態に慣れるまでに21日かかると気づいたそうです。それをもとに博士は、生活の中のどんな変化でも、21日あればその新しい変化に慣れるという理論を確立しました。博士、本当ですか？　私にはどうにも信じられません。足を無くした状態に慣れるのと、もっとたくさん水を飲もうと努力するのは、まったく別の種類の経験だと思います。そして、1日に150回の腕立て伏せをしようとするのは、そのどちらとも異なる挑戦です。

習慣づくりにかかる時間について最もよく引き合いに出されるのは、２００９年の『ヨーロピアン・ジャーナル・オブ・ソーシャル・サイコロジー』誌に掲載された研究です。この実験では参加者それぞれが12週間、同じ条件で（たとえば朝食後に）食べる、飲むなど、何かの行動に取り組みました。その結果、何がわかったと思いますか？

行動が習慣になるまでにかかる日数は平均66日――これはあくまでも平均値で、実際には18日から２５４日と大きな幅がありました。何かの行動が自動化されるまでの時間には大きな個人差があり、場合によっては非常に長い時間がかかります。21日で本当に習慣が身につくのならうれしい話ですが、それほど早く達成できる習慣はあまり多くはないでしょう。毎日グラス１杯の水を飲むことなら21日で習慣になるかもしれません。毎日腹筋を１００回するなどもっとむずかしい課題になると、習慣になるまでには２００日以上かかるかもしれません。

でもご心配なく。悪い知らせはここまでで、次にはよい知らせが続きます。**習慣はすぐには身につかないと同時に、すぐに消えてしまうものでもありません。**もしあなたが腹筋を毎日１００回しようと決め、60日間続けてきたのなら、たとえまだ完全に自動化された習慣にはなっていなくても、61日目は1日目よりずっと簡単になっているはずです。習慣づくりは自転車で丘を越えるのと似ています。急な坂道を登っていくと、やがて平らな場所に出て頂上に達し、あとは下り坂になります。スタートするときには、脚にありったけの力を込めて懸命にこがなければなりません。そのあとはどんどん楽になっていきますが、頂上に達するまではペダルを踏み続ける必要があります。そうしないとずるずる後ろに滑り落ちて、せっかく登った分を無駄にしてしまいますから。

私の経験では、**習慣になる前の最初の兆しはやりたくないという抵抗が弱まることです。**それもっともでしょう。私たちは神経経路を通じて電気信号を送ることで、脳とのコミュニケーションを図っています。そして、よく知られているように、電気はつねに最も抵抗の少ない道を選んで進みます。まったく同じように、私たちの脳が習慣的な行動を好むのは、それがすでに知っている道で、褒美として何を得られるかがわかっているからです。それに対して、新しい行動は何が現れるかわからない危険だらけの道のようなもので、まだ神経経路もできていません。つまり、新しい行動には安全な通り道がまだ整っていないため、いつもしている行動を選びたい気持ちを何とか振り切って進まなければなりません。新しくできた〝赤ちゃん神経経路〟は、同じ行動を繰り返すうちに成長を始め、やがて以前からの行動と競争するようになります。

この流れに関していえば、習慣として身につくまでにどれだけ長くかかるかは問題ではありません。いずれにしても目標はずっとやり続けることだからです。たとえば、半年間運動を続けることを目標にして、半年後にそれを達成したら、そこで終わりにしてしまうのでしょうか？　やめる必要があるでしょうか？　目標を達成したあとで元の状態に逆戻りすれば、がっかりするのではないでしょうか？　**本当に重要なのは、行動が習慣になる兆しを見逃さないことです。**そこまでくれば、もう何か別のものに注意を向けても、その行動を続けられるようになります。

前述の2009年の研究ではもうひとつ興味深い発見がありました。研究者たちは、1日だけやりそびれたとしても、それで習慣化の流れが途切れてしまうわけではないと結論づけました。習慣化のプロセスは1日で完成することもなければ、1日で壊れることもないのです。ただし、1日でも怠ってしまうと、気持ちのうえでは、それを許してしまった自分を責めてしまうかもしれません。毎日やり続けられればそれに越したことはありませんが、もし1日だけできなかったとしても、ここで述べたことを忘れずにいてください。そうすれば、勇気がくじけたり、進歩が途切れたとがっかりしたりせずにすむでしょう。

第2章

脳を味方にする効果的な方法

「僕は頭脳なんだ、ワトソン君。それ以外の僕はただの付け足しにすぎない」

——アーサー・コナン・ドイル（シャーロック・ホームズ）

潜在意識の脳は効率が大好物

この章では、脳をざっくりとふたつの部分に分けて考えていくことにします。潜在意識をつかさどる部分と意識をつかさどる部分です。実際の脳はもっと複雑で、多くの部分からなりますが、本書の目的のためにはふたつで十分でしょう。

次のポイントを頭の奥まで染み込ませ、ずっとそこにとどめておいてください。絶対に忘れてはいけません。

繰り返しが（潜在意識の）脳の言語である。
（ヒント：繰り返しているかぎりは、忘れることはない）

習慣づくりのプロセスで私たちが目指すのは、繰り返しによって脳の反応を変化させることです。しかし、脳は納得できる見返りを与えられないかぎり、変化に抵抗しようとします。つまり、脳に関していえば、**習慣を変えるには繰り返し（反復）と報酬のふたつが**

鍵となります。報酬を得られるとわかれば、何かの行動を繰り返そうという意欲が脳の中で高まっていくのです。

あなたはパワーステアリングなしの車を運転したことがありますか？　車からほんの小さな反応を引き出すためにも、ハンドルを何回転かしなければなりませんよね。脳が変化に対して見せる反応も、まさにこのパワステなしの車と同じです。一回一回の反応の違いはほんのわずかかもしれませんが、何度も繰り返していくうちに、このわずかな違いが、やがては脳の中に（そしてあなたの人生に）大きな変化をもたらすのです。

潜在意識の脳は効率が大好物。それこそが、私たちが習慣を身につける理由です。同じ行動を何度も繰り返すうちに、脳はそのプロセスを自動化することを学びます。何かをするときにいくつかの選択肢をはかりにかけ、結局は毎回同じ行動を選ぶのであれば、最初から何も考えずに自動的に行動するほうがはるかにエネルギーの節約になります。人がすばやく決断するときには、たとえ自分では意識的な決断だと思っていても、本当は習慣でそうしているだけかもしれません。その場ではなく、もっと前の段階で決めた行動をとっているのです。好みのアイスクリームのフレーバーを選ぶときが、その例のひとつといえるでしょう。

脳はゆっくりとした変化を好む

人間の脳は、ゆっくりとした変化だけを受け入れることで安定を保ちます。決まった手順に従って動き、同じ状況に対していつも同じ反応を示そうとします。ゆっくりとしか変化してくれない脳にはイライラさせられることもありますが、全体として見れば、そのほうが私たちにとっては都合がいいのです。あなたの人格や生活が一晩でがらりと変わるとしたらどうでしょう？　きっと頭がおかしくなってしまいます。

新しい健康的な習慣をうまく身につけてしまえば、それからは何をするのもずっと楽になります。朝起きたらヘルシーな朝食をとり、毎朝きちんとジムに通う。そのたびに自分の脳と長々と駆け引きをする必要はありません。ほんの少しの努力で正しい行動がとれるようになるのです。これが夢のような話に聞こえるとしたら、それは、あなたがこれまで習慣のマイナス面しか見てこなかったからです。つまり、脳にそそのかされておこなうのは、ジャンクフードを食べる、テレビを見る、たばこを吸う、爪をかむといった不健康な悪習慣ばかりだったからでしょう。でも実際には、ひどい習慣が生活を台無しにするのと同じくらい、よい習慣は驚くほど生活をいい方向へ変えてくれます。

私にとっては運動がひとつの習慣になりました。そういえるのは、運動によって自分が変わったと実感できるからです。今では週に何度かジムに行かないと、なんだかそわそわして、物足りない気分になってきます。しかし、昨年までの私はといえば、標準的な体型を維持できればそれで十分、と考えていました。どちらのシナリオも習慣から生まれるものです。何をするかにかかわらず、**私たちの行動の45パーセントは習慣として自動的におこなっているもの**だからです。だとすれば、自分の人生や目標達成のためにうまく習慣を役立てるほうがずっといいですよね。それをうまくやり遂げるには、脳のふたつの主要部分についてきちんと理解しなければなりません。

間抜けな脳と賢い脳をコントロールする

脳の大部分は間抜けです。もちろん、あなたの脳だけが間抜けだと言っているのではありません。誰であるかにかかわらず、人間の脳の一部は間抜けなので、たばこを吸っているときに肺がんのリスクについて考えることも、運動する前に鍛え上げられた腹筋の魅力を考えることもありません。残念なのは、この間抜け部分が脳の中で最も大きな力を持ち、脳全体を支配している時間も長いということです。別の指示を与えられないかぎり、**特定のパターンを認識し、それを繰り返す**しか能がありません。脳のこの部分は**大脳基底核**《だいのうきていかく》と呼ばれています。

しかし、脳には本当に賢いもうひとつの部分があります。額のすぐ裏側に位置する**前頭前野**《ぜんとうぜんや》と呼ばれる部分です。この部分は**何かをしたときの結果や長期的な利益を理解できる脳の〝司令塔〟**で、ありがたいことに大脳基底核を抑え込む力を持ちます。短期的な思考と意志決定をつかさどるのもこの前頭前野です。

これで、私たちは習慣を変えるために欠かせない、ふたつの重要なツールについて知りました。大脳基底核と前頭前野です。前頭前野がどれほど賢いかについては、心理学者のデヴィッド・ノーウェル博士がわかりやすく表現しています。博士によれば、ある対象について、脳の他の部分は「それが何か」を決めるのに対し、前頭前野は「それが何になれるか」を理解できるそうです。

習慣をつくるには、前頭前野が望んでいることを脳の他の部分にも好ましいと思わせなければなりません。たとえば、チョコレートケーキの誘惑をはねのけたい（それができるなら）、フランス語を学びたい、健康を維持したい、いつか本を書きたいと望むのが前頭前野です。つまり、前頭前野はあなたの脳の意識の領域をつかさどり、あなたが自分を「自分」として意識するために必要な部分です。ところが、**前頭前野には簡単にエネルギーを使い果たしてしまうという弱みがあります。**わかりやすくいえば、前頭前野は重要な仕事をまかされているのでエネルギーをたくさん使い、そのためにあなたをへとへとに疲れさせてしまいます。そして、疲れ切っているときには（すでに述べたように、ストレスを抱えているときには）、繰り返しを好む脳の部分、つまり大脳基底核がコントロールを奪い取ります。

大脳基底核は人間だけが持てる高レベルの目標を認識できず、それに気づくこともありません。それでも、同じことを自動的に繰り返し、エネルギーを効率的に使うのは得意です。前頭前野のように〝知的〟ではありませんが、脳の中で重要な働きをしていることは間違いありません。そして、この大脳基底核に自動的に好ましい行動をとるように教え込めるとしたら、私たちのお気に入りのツールに早変わりするはずです。

私たちが取り組もうとしているのは、そのためのプランづくりです。最初はひどいプランに思えるかもしれません。でも、賢い前頭前野は、考えなしに同じことを繰り返す大脳基底核ほどスタミナがありません。そのため大脳基底核をうまく使うしかないのです。効果的な取り組み方さえわかれば、実はこれが優れた方法だとわかるはずです。賢いけれどスタミナのない前頭前野は、間抜けでもスタミナはある大脳基底核をどうコントロールすると思いますか？　ヒントをあげましょう。物理的な力を乱暴に使ってではありません。それはあなたもすでにわかっているはずです。おそらくあなたは今、潜在意識をむりやりコントロールしようとして失敗したときのことを思い出しているのでは？　答えはもちろん、前頭前野のスタミナ不足を補う賢い方法を使うのです。

前頭前野は意志決定をつかさどる脳の司令塔

前頭前野をもっとよく知るために、もしこの部分がなくなったらどうなるかを考えてみましょう。前頭前野なしの脳はどうなると思いますか？　残念ながら、うまく機能しなくなります。これから紹介する研究は、前頭前野と脳の他の部分の違いを説明するものです。

何かを取り除いてみると、その部分の影響がどれほど大きかったか、残りの部分がどう働くのかがよくわかります。

フランスの神経学者フランソワ・レールミットは、前頭葉を損傷した患者たちを詳しく調べてみました。その結果、脳の〝司令塔〟である前頭前野（前頭葉の一部）がないと、脳の働きがすっかり変わってしまうことを突き止めました。

レールミットの実験はふたつのグループを比較対象にしました。前頭葉を損傷した人たちと、健康な前頭葉を持つ人たちです。この実験では、被験者が面接官の正面に座り、インタビュー形式で質問をします。面接官は被験者に対して無関心を装うように指示されていました。質問にはいっさい反応を見せず、ときおり相手をとまどわせるようなでたらめなジェスチャーを始めます。鼻先に親指を当てる、軍隊スタイルの敬礼をする、紙を折りたたんで封筒に入れる、紙を噛む、歌う、足でコツコツとリズムを刻む、すすり泣く、などです（科学とはなんて楽しそうなのでしょう！）。その結果、レールミットのチームは次のような発見をしました。

まず、健康な前頭葉を持つ人たちは、予想どおり、相手の行動を奇妙だと思いました。いってみれば、「こいつはいったいどうしたんだ？」という反応です。若い参加者の多くは笑いだしました。相手の動きをまねしようと思ったかどうか尋ねられたときには、彼らは「いいえ、まったく」と答えています。

しかし、話が面白くなるのはここからです。前頭葉が損傷している人たちのほとんどは、面接官のばかげたジェスチャーを本当にまねたのです。それも、驚くほど正確に相手のまねをして、何であろうと必ずやり遂げました。たとえば、男性の被験者たちは驚くことも恥ずかしそうな様子を見せることもなく、他人のいる前で、壁に向かって平然と排尿をしました。面接官の動きを正確にまねできないときには（折りたたんだり噛んだりする紙がないときなど）、それを〝完璧に〟補う方法を見つけたといいます。

この実験のレポートには、こう書かれています、「実験後の面接で、前頭葉に損傷を抱えるすべての患者は面接官のジェスチャーを思い出すことができた。相手の動きをまねした理由を質問されると、『面接官がそのジェスチャーをしたので、彼のまねをしなければならないと思った』と答えた。ジェスチャーをまねするようにとは指示されなかったはずだと言われると、彼らの答えは、『はっきりとジェスチャーが示されたので、まねしないわけにはいかなかった』というものだった。まねしないように言われても、ほとんどの患者は同じＩＢ（まね行動）を見せた」。

前頭葉に損傷を持つ人たちは、面接官の動きを（そうしないように指示されたときでさえ）まねせずにはいられなかったのです。前頭葉が損傷していると、潜在意識による行動を〝くつがえす〟決断をする能力を失ってしまうようです。潜在意識はまわりのことなどおかまいなく、まるで機械のように動きます。もうひとつ興味深いのは、健康な被験者が面接官のジェスチャーのいくつかを忘れてしまったのに対して、前頭葉を損傷している人たちはすべての動きを正確に覚えていたことです。これは、健康な前頭葉（繰り返しますが、習慣づくりに重要な役割を果たす前頭前野を含みます）があれば、潜在意識のパターン認識をさえぎり、特定の行動を止めたり始めたりできるという意味です。これこそが、前頭葉（前頭前野）が〝司令塔〟と呼ばれる理由です。**前頭葉は潜在意識の自動的な繰り返し機能を管理し、もっとよい方法があるとわかったときには、自動化された動きを止め、別の行動をとらせます。**だとすれば、逆のパターンもあるはずです。正常に働かないのが大脳基底核のほうだとしたら、何が起こるのでしょう？

大脳基底核は習慣づくりの鍵となるプレイヤー

大脳基底核は正確にはひとつの単位として働く神経核の集まりで、習慣づくりと段階的な学習に中心的な役割を果たします。

しかし、研究結果によれば、脳内はさまざまな組織が複雑に作用し合っているため、大脳基底核は必ずしも「脳の習慣をつかさどる部分」として独自に活動できるわけではありません。神経科学の知識は役には立つものの、脳がどのように働くかについて正確には説明できません。もちろん、神経科学が信頼できないとか不正確であるとかいう意味ではなく、まだ大きな謎の一部しか解明できていないという意味です。脳の働きは本当に繊細で複雑なため、現代科学はこれからもっと多くを学んでいかなければなりません。とはいうものの、大脳基底核が習慣づくりの鍵となるプレイヤーだとわかっただけでも大きな前進です。たとえ脳の働きに関する私たちの知識がかぎられたものであっても、経験と実験、そして良識を結びつけていけば、生活改善のための力強い味方になってくれるでしょう。

前頭葉に損傷があるか、適切に機能していない人たちについてのレールミットの研究は、習慣的な行動をくつがえす前頭葉の働きがどれほど重要かを教えてくれました。前頭葉が見張っていてくれるおかげで、望まない行動をロボットのようにやり続けずにすむのです。それでは、大脳基底核が損傷しているか、うまく機能しないときには何が起こるのでしょうか？　その状況についても研究されています。その結果によれば、大脳基底核に問題を抱えていると、習慣化する能力を失う原因になるようです。

この実験で、研究チームは3つのグループの被験者を集めました。健康な人たち、パーキンソン病を患う人たち、記憶障害を持つ人たちです。パーキンソン病は、脳細胞が死んでしまうために神経伝達物質のドーパミンが大脳基底核に送られなくなる病気で、そのために大脳基底核がうまく働かなくなります。

被験者は何かの図形が描かれた4枚のカードを無作為に与えられ、それぞれのカードが雨と晴れのどちらを意味するかを推測するように指示されました。図形と天気の関係を意識的に結びつけるのはむずかしかったのですが、潜在意識が拾い上げられる微妙なパターンがありました。全部で50回のテストをおこないましたが、正常な脳の被験者と記憶障害のある被験者は10回ほど終わったところで、当たる確率が50パーセントから65〜70パーセントにまで上がりました。潜在意識が雨か晴れを示すパターンを読み取れるようになったからです。しかし、パーキンソン病を患う被験者の的中率は、50パーセントから上には改善されませんでした。健康な大脳基底核がないと、脳はパターンを探知できないのです（そのため、新しい習慣を身につけることがむずかしくなると思われます）。

これらの研究結果から、ごく単純化した言い方をすれば、**脳は行動に関する決定をする部分と、自動化された行動のためのパターン認識をおこなうふたつの部分からなる**のだとわかります。前頭前野の管理機能はその時々の状況に敏感に反応しますが、多くのエネルギー（と意志の力）を使います。大脳基底核の自動化機能は実に効率的で効果的です。つねに監視しておく必要のない作業をまかせておくには便利で、エネルギーの節約にもなります。

そこから、次の重要な疑問が生じます。脳のこのふたつの部分は、どのように行動を習慣に変えていくのでしょうか？

ある行動が習慣になるまで、あなたの背中を押し前進させるのは、モチベーションかわずかな意志の力のどちらかです。次の章を読む前に、どうぞモチベーションに別れを告げておいてください。もうモチベーションは必要ないからです。

第3章

モチベーションとわずかな意志の力

「感情を支配するのか、それとも感情に支配されるのかは、
それを誰が管理するかによって決まる」
――ジム・ローン

モチベーションと意志の力の関係性について

プランの第一段階として、私はモチベーションに怒りを向けようとしていますが、これはモチベーションと意志の力の〝どちらをとるか〟という問題ではありません。このふたつは、お互いに作用し合う関係にあります。この章で言いたいのは、モチベーションが悪いということではありません。生活改善のための変化を長続きさせる方法としては、信頼性に欠けると言いたいのです。

モチベーションと意志の力の関係性については「なぜ意志の力はモチベーションに勝るのか」（75ページ参照）で詳しく説明しますが、今のところは、**何かをするモチベーションが欠けているときには、必要となる意志の力がぐんと大きくなると覚えておいてください**。そして、意志の力への負担が大きくなると、やがてその行動を続けるのが（習慣に変えていくのが）むずかしくなります。

それでは、「モチベーションを上げる」方法はなぜ信頼性に欠けるのでしょうか？　さっそくその理由を見ていくことにしましょう。自己啓発本ではすっかりおなじみのモチベーションですが、実は長期的にはまったく効果がありません。

モチベーションに頼っても習慣は身につかない

習慣にしたい何かの行動を始めるとき、モチベーションを上げると効果はあるのでしょうか？　それについては、〝ときには効果がある〟という、なんともあいまいな答えを返すしかありません。ときにはやる気を奮い立たせることで運動をしたり、2000ワードの文章を書いたりもできるでしょうが、昼寝をしたり、テレビを見たり、ビールを飲んだりして終わってしまうかもしれません。これは大きな問題です。なぜなら……モチベーションに頼っても、習慣を身につけることはできないからです。

何かを習慣にするには、それを何度も繰り返さなければなりません。61ページの図形の実験では、被験者の脳がパターンを認識するまでに10回同じことを繰り返す必要がありました。行動の認識には、それよりもっと長い時間がかかります。

ただし、誤解しないでほしいのですが、感情を高めるモチベーションの効果は重要で、いろいろな面で助けになってくれます。ただ、それはあくまでも、もらえるとうれしいボーナスとみなしてください。この本を読んでいるみなさんの中にも、今現在モチベーションに頼っている方がいるかもしれません。そこで、次の項では、なぜモチベーションを捨て去る必要があるのかを説明します。みなさん自身のために、どうかモチベーションという考えを捨ててしまってください。その理由をお教えしましょう。

モチベーションが信頼できない理由

モチベーションが信頼できないのは、それが感情に基づいたものだからです。ずっと昔から、人間の感情は変わりやすく予測できないものでした。あらゆる要素が感情を左右します。何かの出来事、血糖値、気分の落ち込み、体内の化学物質の変動、ホルモン、健康状態、外部からの刺激、エネルギーレベル、信念など、言い換えれば、あらゆるものがあなたの感情に影響を与えます。あなたは本当にそんな不確かなものに希望を託したいのでしょうか？　どんなものも、まず基礎がしっかりしていなければなりません。モチベーションを基礎にするのは、水の上に家を建てるようなものです。

誰にでもいつもほど元気が出ない〝不調《オフ》〟の日があります。そうした日には、何か自分のためになることをしようというモチベーションも低くなります。それでも行動に移そうと思えば、やる気になるビデオや記事を見る、自分を励ますなど、手っ取り早く刺激を得る方法に頼らざるをえません。

こう考えてみてください。「モチベーションを上げる」方法を選ぶと、何かをするためのモチベーションが必要になるだけでなく、それは、ほかの何よりそれをしたいと思う強いモチベーションでなければなりません。たとえば運動をするのであれば、ポテトチップスを食べながらテレビを見たいと思う以上に、運動したいという気持ちが強くなければなりません。そう考えれば、この方法で成功する見込みが、〝ときには〟がいいところだというのも納得できるでしょう。

自分のためになる活動（生のブロッコリーを食べる、12キロ走る、それからもっとブロッコリーを食べる）は、簡単にモチベーションを上げられる種類のものではありません。ブロッコリーを食べるのでも運動をするのでも、すぐに目に見える結果につながるわけではないですから、ソファでアイスクリームを食べながら映画を観るという誘惑に負けてしまうかもしれません。私なら、アイスクリームと映画のほうにずっと惹かれます。

モチベーションを上げたいと思ってはいけない

自分を変えるためのモチベーション理論は次のように説明されます。「何かをしたいという気持ちになれば、それを自分に強いる（意志の力を使う）必要がなくなる」。それは本当です。モチベーションが高いときには何をするのも簡単で、意志の力はほとんど必要としません。そのため、最初のうちはモチベーションを上げることがいちばんいい方法に思えるかもしれません。意志の力にかぎりがあるとわかれば（これについては後述します）、とくにそうでしょう。理論的にはモチベーションを上げるのは優れた方法に思えるのですが、実際にはそううまくはいきません。

狙いどおりにモチベーションを上げるのは簡単ではありません（ほぼ不可能という場合もあります）。自分自身の経験を振り返ってみれば、思い当たるのではないでしょうか？

疲れているとき、病気のとき、頭が痛いとき、何だか〝不調〟なとき、あるいはもっと楽しい何かをしたくてたまらないときに、モチベーションを上げるのはむずかしいはずです。結果として手に入るものの大きさに気持ちを集中すれば、自分の行動を変えられると思うのは、私たちがどれほど感情に影響されやすいかを忘れてしまっているからです。思考によって感情を変えるのはむずかしいのです。**モチベーションを使う方法がうまくいくのは、エネルギーがありあまっているとき、健康的な考え方をしているとき、ほかに大きな誘惑がないときにかぎります。**それでさえ、実際に行動するときがきて、目の前の状況が思っていたより大変そうだとわかれば、「明日にしよう」と思ってしまうかもしれません。

私も最近、疲れて頭が痛かった日がありました。そのときには、この本の執筆を続けようという気にはなれませんでした。モチベーションを上げたいとさえ思いませんでした。とにかく眠りたかったのです！　ありがたいことに、私はモチベーションには頼っていませんでした。

あなたの生活のなかでも、モチベーションを上げる気にもならない、と思う日があるでしょう。まわりくどい言い方をすれば、〝運動したいと思いたいという気持ちになりたくない〟ということです（そう、「～したい」が3回続いています）。このことから、モチベーションをもとにした考えと実際の行動が、どれほど離れているかを感じとれると思います。単純に何かを始める代わりに、あなたはそれをやりたいと思わなければなりません。ときにはモチベーションを上げたいという理由のためだけにモチベーションを上げることもあります。そのおかしな響きのとおり、本当におかしな話です。もしあなたがモチベーションなど必要ないと思いながら、何かをするときにそれに頼っていたのなら、始める前から戦いに敗れたも同然です。

行動することにモチベーションは必要ない

自己啓発本の著者たちは、生活を変えるための行動を起こすにはモチベーションを上げるしかない、とオウムのように繰り返してきました。そのため、今ではほとんど疑いを持たれることもなく、それが当たり前の手順になっています。モチベーションに関するウェブサイトはあふれるほどあり、大勢の人が「モチベーションで解決」することを求めて、こうしたサイトにアクセスしています。何もしないよりはモチベーションを上げるほうがましなことは私も認めますが、無敵の方法というものは存在しません。

たとえば、運動をして望みどおりの効果を得られたとしたら、その理由には3つの可能性が考えられます。モチベーション、意志の力、そして習慣です。すべての行動はモチベーションと意志の力がいくらかずつ組み合わさって成り立ちますが、たいていはどちらかに重心が偏《かたよ》るものです。そして、なんとしてでもそれをしなければという強い意志を持つ一方で、モチベーションを上げようとする奇妙な混合状態も存在します（戦いに敗れるのは、通常はこの状態のときです）。

行動するのにモチベーションが必要だと信じることほど、危険な習慣はありません。モチベーションを上げたいと思うこと自体は問題ではないのですが、それがないと何もできないと考えるのは問題です。この考えが行き着く先は、怠け癖のサイクルでしかありません。怠け癖がつくと自分を怠け者だと思うため、いつも怠けたいと感じます。そして、モチベーションのルールに従っていると、そのままずっと怠けている状態が続きます。そこから抜け出すことはできません。

何をするにもまずモチベーションという考えが、その人の深層心理に刻み込まれてしまうこともあります。しかし、感情と行動がつねに一致していなければならないというルールはありません。それは、がんじがらめで不満だらけのライフスタイルをつくりだすだけです。

モチベーションと感情に頼らない「熱意減退の法則」

たとえば、あなたは毎日2時間の読書をするためにモチベーションを上げ、これを3週間続けられたとしましょう。この時点で、あなたの中にこの行動を習慣にするための小さな芽が育ち始めます。ところが、あなたはモチベーションに頼っているために、ここから先に進むことなく、習慣は芽のままで成長の終わりを迎えてしまうかもしれません。

「熱意減退の法則」は、私が考えた用語です。「限界効用逓減《ていげん》の法則」という経済原則よりはずっとわかりやすいのではないでしょうか。この経済原則は、4枚目のピザを食べる楽しみは、3枚目のピザを食べる楽しみよりほんの少し薄れ、5枚目になると4枚目よりさらに薄れることを意味します。行動の繰り返しもこれと同じです。

行動が習慣に変わり始めるころには、その行動への感情は薄れていきます。退屈でつま

らなく思えてくるかもしれません。おそらくそうなるでしょう。心理学者のジェレミー・ディーンは、著書『良い習慣、悪い習慣』の中で、「習慣的行動は無意識におこなわれるだけではない。感情から切り離されている。……習慣的行動は不思議なほど無感情におこなわれる」と述べています。前述のウェンディ・ウッド教授のチームも、テキサスA&M大学で実施した研究で、被験者が習慣的な行動をするときには、明らかに感情的な反応が乏しいことに注目しました。これこそが、何をするにもまずモチベーションという考え方自体が、習慣づくりにおいては不利になる理由です。同じ行動の繰り返しで興奮が高まることはなく、逆に薄れていきます。習慣化が進めば進むほど、それをすることへの抵抗が少なくなり、どんどん自動的におこなうようになるからです。ディーンは、「**強い感情を引き起こさないことが、習慣化の利点のひとつ**」と言っています。これは本当です。

何かを始めるときに感じる興奮は、最初は私たちの頼もしい味方です。ところが、興奮が薄れると手強い敵に変わり、何かが間違っているのでは、と感じさせるようになります。しかし、このリスクを思い切り引き下げる方法はあります。最初からモチベーションと感情に頼らなければいいのです。

夢中になるのはすばらしいことですが、その気持ちの高まりは、行動開始の合図ではなく、あくまでもボーナスとみなしておきましょう。それよりも、自分でそうすることを選んだという理由から何かをするほうが効果を期待できます。そのほうが、ぐらつかない頑丈な基礎になってくれるはずです。なんとなく矛盾しているように感じられるかもしれませんが、しばらく時間が経って熱意に欠けてくるのは、脳の中でその行動をコントロールするのが、自動的な反応をつかさどる大脳基底核に変わりつつある好ましい兆しだからなのです。

運動を始めた人が1カ月も経つと挫折してしまうのは、この予想される〝熱意の減退〟も理由のひとつです。うまく続けられていた運動でさえ、どうもやる気になれないと思うと、やめてしまうことがあります。なぜ熱意が薄れてしまったかを理解すれば、きっと安心して続けられるはずです。

モチベーションに頼る方法は、あなたが毎日をどうにか暮らしていくには（おそらく）十分かもしれませんが、意志の力に比べると優れた選択とはいえません。意志の力で行動するのがいちばんの方法なのですが、ほとんどの人はその使い方を知らず、意志の蓄えをすぐに空っぽにしてしまいます。

ここまでずいぶん否定的なことを書いてきましたが、心配はいりません。あなたはそれでも日常生活を十分に楽しめます。いつも感情豊かな人間でいられるでしょう。私はあなたに感情を持つなと言っているわけではありません。もう二度と、自分の行動に感情のブレーキをかけたりしないようにお願いしているのです。

なぜ意志の力はモチベーションに勝るのか

モチベーションをたっぷり痛めつけたので、ここからはモチベーションをもっと効果的に使う方法をお教えしたいと思います。矛盾している？　いいえ、私がモチベーションを嫌う理由は、それが悪いものだからではありません。モチベーション自体には何も悪いところはないのですが、あろうことか、世間では生活改善のいちばんの解決策のようになってしまいました。ニンジンががんを治すというのと同じです。ニンジンは体にはいい食材かもしれませんが、がんを治す可能性は低いと思います。つまり、何か優れたもの（ニンジン）が、実際以上の効果があるかのように宣伝され、多くの人をだましています。同じように、モチベーションも勝手にその効果を宣伝され、過大評価されるようになってしまいました。

わずかな意志の力を使う小さな習慣は、モチベーションの欠点を補ってくれます。もう一度言いますが、モチベーション自体は優れているのですが、その効果については信頼性に欠けます。私は意志の力を使うと、モチベーションをもっと信頼できるものに変えられると気づきました。わずかな意志の力とは、小さすぎて失敗できないような小さな習慣を実行に移してくれるほんのわずかな力です。

先に行動をとると、モチベーションがすぐにあとを追いかけてきます。なぜ行動を起こすように自分に強いることが、先にモチベーションを上げる方法より優れているのでしょうか？　理由は3つあります。

意志の力は信頼でき、強化できる

モチベーションと違って、意志の力は驚くほど信頼できます。もしあなたが絶対に何かの行動をとるように自分に強いるなら、その決断は信頼に値します。もちろん、あなたがそう自分に強いることができれば、の話です。そして、都合のいいことに、意志の力のふたつの特徴がその信頼性をさらに高めてくれます。

モチベーションとは違い、意志の力は筋肉と同じように鍛えることができます。自己管理研究の第一人者であるロイ・バウマイスター教授は、1999年の実験で、2週間かけて姿勢を正す努力をした学生は、そうしなかった学生と比べて意志力が鍛えられ、「それに続く自制心の調査でも、明らかな改善が見られた」と報告しています。別の研究では、2カ月間有酸素運動を続けると、自制心を必要とする別の種類の活動まで改善する効果があるとわかりました。

これは自己改善の金脈です。これらの研究結果は、私たちが自分自身を成長させる能力を強化できることを示しているのですから!

意志の力は、スケジュール管理に役立つ

モチベーションに頼っていると、スケジュールを守るのがむずかしく感じることもある

はずです。書く時間になったときに、モチベーションが十分に上がっているかどうかなど、どうしてわかるでしょう？　モチベーションは自由に上げ下げできるわけではありません。そのため、スケジュールどおりに進めるのはむずかしくなります。

これに対して、**意志の力を使うと、そのときにモチベーションがあるかどうかにかかわらず、特定の活動をスケジュールどおりに実行できます**。それによって一貫性が生まれ、習慣づくりにもスケジュール管理にも役立ちます。できるときに書くとか、惑星配列が整ったときに運動するとかいったあいまいなプランからは、習慣は生まれません。カレンダーにやるべきことを書き込み、それを確実にこなしていかなければなりません。そのために必要となるのが意志の力なのです。

大きな疑問がまだ残っています。意志の力を使ってつねに成功するにはどうしたらいいのでしょう？　この疑問に答えるために、まず意志について科学がどう説明しているかをまとめ、そこを出発点にしましょう。

意志の働きが実証するもの

かつて意志の力は、決して涸れることのない泉だと信じられていました。何かを欲する気持ちが十分にあれば、それを手に入れようとする十分な意志がつねに生まれると考えられていたのです。その考えを変えたのは、前述のロイ・バウマイスター教授でした。彼は1996年に少しばかり残酷とも思える実験をおこないました。まず67人の被験者を同じ部屋の中に入れます。部屋の中にはすぐに、焼き立てのチョコレートチップクッキーのおいしそうな匂いを立ち込めさせました。その後、クッキーやチョコレートが部屋の中に運ばれてきました。実験が残酷になるのはここからです。チョコレート菓子を与えられ、食べることができるのは、一部の被験者だけでした。それ以外の人たちは、気の毒なことに、代わりに生のラディッシュをおやつとして与えられました。私はラディッシュを食べるのが好きなのですが、その私でさえ、彼らの苦しみを自分のことのように感じられます。

研究チームは被験者たちの様子をユーモアたっぷりに記録しました。ラディッシュを食べた被験者のかなりの割合が、「チョコレートに明らかな関心を示し、置いてあるチョコレートのほうを物欲しそうな目で見つめ、人によってはクッキーを手にとって、匂いをかいでいた」と書かれています。本当に残酷な仕打ちです。

その後、チョコレートを食べた人とラディッシュを食べた人の両方が、パズル問題を解くように指示されました。ラディッシュを食べた人たちはチョコレートを食べた人たちの半分以下の回数しか、パズルを解こうと努力しませんでした。そして、早い段階であきらめてしまいました。チョコレートではなくラディッシュを食べなければならなかったことが、パズルに取り組もうという意志を奪ってしまったように思えます。バウマイスター教授はこの現象を「自我消耗」と呼んでいます。それ以来、この画期的な研究で得られた結果は、数十の研究で実証されてきました。

むずかしい決断は、意志の力を消耗させる

ラディッシュだけを責めるのはかわいそうです。自己管理の研究で、**一日の早い時間にむずかしい決断をした人は、その後は誘惑に負けやすくなり、自制心が低下する**とわかり

ました。大きな決断は意志の力を引き出すときと同じエネルギーを使っているようです。私は、前頭前野を使う作業はどんなことでも、同じ影響を与えるのではないかと思っています。前頭前野が短期記憶と思考をつかさどっているからです。しかし、むずかしい決断が、あとになってからアイスクリームの誘惑をはねのける能力や、運動を自分に強いる能力に悪影響を与えるなどとは、普通は考えないでしょう。

これが何を意味するかといえば、私たちが生活をうまく改善するには、意志の力をたっぷり蓄えておかなければならないということです。この情報をここに含めたのは、多くのことが意志の蓄えを奪う可能性があり、だからこそ小さな習慣を使う方法がいっそう重要になるのだとわかってもらうためです。

意志の力を消耗させる5つの原因

メタ分析とは、特定のトピックについての複数の研究を集め、その分析から重要な結論を引き出そうとする「研究に関する研究」のことです。これによって、個々の研究から信頼性に欠ける要素を取り除くことができます。適切な条件でおこなわれた数十の研究や数千人の被験者を集めた調査で結果に一貫性があれば、そのデータは信頼でき、光を与え、役立つものである可能性がずっと高くなるでしょう。

２０１０年に、「自我消耗」に関する83の研究についてのメタ分析がおこなわれました。自我消耗は基本的には意志の力や自制心の低下と同じことを意味するので、これらの用語は置き換え可能なものとして使うことにします。このメタ分析から、**自我消耗の原因の上位5つは、努力、困難の自覚、否定的な感情、主観的な疲れ、血糖値**だとわかりました。つまり、これらの要因が、わずかな意志の力で成功を収める方法にとっては5つの大きな敵になるということです。意志の力を使い果たしてしまったら、いったいどうしたらいいのでしょう？　そこで希望は失われてしまうのでしょうか？　メタ分析によれば、モチベーションとなる刺激、自制心が必要となる課題を使った訓練、ブドウ糖を補って血糖値を上げるなどの方法が、自我消耗状態の人たちの自制心の改善に役立つとされています。

次の章では、以上のような問題を、小さな習慣がどう克服していくのかを見ていきます。まずは、意志の力を消耗させる5つの原因から始めましょう。

第4章

小さな習慣を成功させるための心構え

「人生を形作るのはたまにやることではない。いつも続けていることである」

――アンソニー・ロビンズ

小さな習慣で乗り越えられる5つの障害

「小さな習慣」とは、毎日ひとつから4つの〝ばかばかしいほど小さい〟行動を自分に強いる方法です。一つひとつはほんの小さな行動なので、失敗することなどありえません。そして、急に何か想定外の状況が起こったとしても、やり損なう口実にはなりません。小さな習慣は、次のふたつの目的を達成できます。**もっとやりたいという気持ちになること、そして、その行動を本当の習慣に育てていくことです。**

それでは、ここまでに学んできた習慣づくりの成功の原則に、小さな習慣がどう当てはまるのかを見ていきましょう。小さな習慣の具体的なステップについては第6章で説明します。

自我消耗に関するある研究の結果、意志の力にはかぎりがあると信じると、本当に力が制限されるとわかりました。自分はいくらでも意志を引き出せると信じる人ほど、消耗させる活動にも長く持ちこたえられるようです。そう考えると、小さな習慣から始めるのは不利になるように思えます。なぜかといえば、この方法は（前章の「意志の力に関するメタ分析」（83ページ参照）の結果からわかるように）意志の力にはかぎりがあるという前提の上に成り立つからです。しかし実際には、小さな習慣はどちらのシナリオに対しても有効な安全策《セーフティネット》を備えています。その理由を説明しましょう。

たとえ本当に意志の力にかぎりがあるとしても、小さな習慣は小さく始めるので意志の力の蓄えを使い切るようなことはありません。しかし、もし意志の力にはかぎりがあると自分で思い込んでいるだけだとしたら？　それは小さな習慣にとって何を意味するのでしょう。願ってもないニュース！　それが答えです。要するに、あなたは小さな習慣を続けようという自分の意志にはかぎりがないと信じられるわけですから！　実際のところ、小さな習慣には意志の力はほとんど必要ありません。そのため、もし意志の蓄えがたっぷりあり、エネルギーではちきれんばかりになっているのなら、小さな習慣を使って行動を起こせるだけでなく、目標以上の大きな成果を得られます。そして、完全に疲れ切って意志の力を十分に引き出せないときであっても、やるべき課題は本当に小さなものなので、いずれにしても残っているわずかな力だけでなんとか始められます。**小さな習慣には、何が起ころうと自分には行動を起こせると信じる気持ちが組み込まれています**。そのため、この方法はこれまで一度として私を裏切ったことはありません。小さな習慣をやり遂げるのに、意志の力が足りないと感じることは一度もありませんでした。

ここで、前述の自我消耗のおもな原因5つを、もう一度確認しておきましょう（リストは順不同です）。

①努力
②困難の自覚
③否定的な感情
④主観的な疲れ
⑤血糖値レベル

小さな習慣なら、この5つの原因のすべてが、ほとんど、あるいは完全に無視できるものになります。

①努力

小さな習慣はほとんど努力を必要としません。腕立て伏せを1回する、50ワードの文章を書く、本を2ページ読むなど、本当に簡単な課題ばかりなのですから。目標を達成したあとにどれだけ〝おまけ〟を加えられるかはそのときの調子次第です。いつもよりはかどる日もあれば、そうでない日もあるでしょう。この無理のない目標設定のおかげで、疲れ果ててしまう心配もほとんどなくなります。私自身、50ワードの文章を書くという計画を立て、2000ワード書くこともよくありました。逆に、50ワードぎりぎりで、ようやく目標を達成できた日もありました。

小さな習慣は、厳しくもあり柔軟でもあります。スタート段階では厳しく、とにかく強制的にでも行動を起こさなければなりません。でも、いったん始めてしまえば、設定した目標を超えてどれだけやるかは完全にあなた次第です。始めるための努力にはほとんど意志の力を必要としません、

小さな習慣で得られる結果——自我消耗はほんのわずかです。

②困難の自覚

小さな習慣はその性格上、困難に感じることはほとんどありません。そのため、目標を大きく上回る成果を上げられることが多く、ボーナスが何倍にも膨れ上がります。私にとって30分の筋力トレーニングが巨大な〝エベレスト〟に思えたという話を覚えているでしょうか。それだけの運動をこなすのは、私にはとてつもなく大きな困難としてイメージされていました。実際のむずかしさよりも、自分が感じるむずかしさのほうがずっと大きかったのです。ところが、1回の腕立て伏せから始め、そのやり方を続けようと決めてからは、むずかしいと感じる気持ちがどんどん小さくなりました。どんなプランでも、**目標を小さく設定することが困難の感じ方を小さくするいちばんの方法です**。

いったん始めてしまえば、続けるかどうかはあなた次第です。始めるという最も大変な部分はすでにクリアしているので、その安心感も手伝い、自覚される困難はずっと小さくなるでしょう。物理の法則と同じで、自分を動かすのがいちばん大変なのは、動き始める前の段階です。いったん動きに入ってしまえば、勢いがついて何もかもが楽になります（同時にモチベーションも上がります）。

ほんの小さな行動でも、始めてしまえば気持ちが現実に向き合うようになります。このことは重要です。行動を起こす前は、その行動がどんなものなのか頭の中で想像するしかありません。30分の筋トレを最初に計画したとき、私にとってそれは目の前に立ちはだかるエベレストでした。ところが、その考えは間違っていました。身体的または精神的に努力を必要とする行動に対して、私たちはそのむずかしさを大げさにとらえがちです。1回の腕立て伏せを自分に強いることから始めて、30分の筋トレを最後までやり遂げられたとき、私は自分の頭の中で想像していた困難がどれほどばかげたものだったかに気づいたのです。

小さな習慣で得られる結果——自我消耗はほとんど見られません

(たとえ設定した目標を超えて行動したときにも)。始める段階がいちばんむずかしい理由は、自分に対する誓いがプレッシャーとなるからです。いったん始めてしまうと、終わったときに成功したと思えるように、設定目標を何としてでもクリアしなければ、という強い気持ちが必要になると考えます。大変そうに見える計画に私たちが尻込みするのは、そのためです。最後までできないくらいなら、始めないほうがいいと思ってしまうのです。だからこそ、小さな習慣は自分に課す行動をこれほど簡単なものにしているのです。目標自体が小さいため、早い段階であきらめてしまう心配はまったくありません。小さく始め、その課題をこなすのがどんな感じかを実際に経験してみると、思っていたほどむずかしくはないとわかり、次のステップに進むのもさほど大変ではなさそうだ、と思えてきます。

③否定的な感情

否定的な感情とは簡単にいうと、不快な経験を意味します。チョコレートとラディッシュの実験では、明らかにこの影響が見てとれました。被験者はチョコレートの見た目と匂いに誘われたあと、それより魅力のないラディッシュを与えられます。チョコレートの誘惑にさらされたのに、それを味わわせてもらえないのは、おそらく私たちが想像する以上に不快な経験です（誰かからクッキーを差し出され、あなたが手を伸ばそうと思った瞬間に引っ込められたと想像してみてください）。小さな習慣はあなたにとってプラスになる行動を生活に加えるものですから、基本的には否定的な感情を持つことはありません。

例外は、その行動をとることで別の楽しみが奪われる場合です。たとえば、ラディッシュを食べるだけなら意志の力は奪われませんが、チョコレートの魅力と並べられれば、がっかりしてやる気も失せてしまうでしょう。

小さな習慣で得られる結果——通常は自我消耗を起こしません。たとえそれまで楽しみにしていたことを小さな習慣に置き換えるとしても、ほんの小さな課題ですから、それによって否定的な感情を持つことはないはずです。たいていの場合は、時間を無駄にしている行動をもっと自分のためになる行動に置き換えるわけですから、ポジティブな感情が生まれることのほうが多いでしょう。

④主観的な疲れ

これはなかなか興味深いですよね？　単純な「疲れ」ではなく、「主観的な疲れ」と言っています。要するに、私たちは自分の疲れについて完全に客観的な判断ができるわけではないということです。意志とは自分の気持ちとの戦いです。ここで挙げている意志の力を奪う原因を考えてみれば、その戦いは、目標として設定する課題と自分の力を比較したときの、主観的な評価から生まれるもののように思えます。

ありがたいことに、小さな習慣はほんのわずかの「主観的な疲れ」しか引き起こしません。疲れを感じる原因はたくさんありますが、大きな原因のひとつは、設定した目標と自分自身の能力を比較して自信を失うことでしょう。私の場合も、大きな目標を掲げているときには、主観的な疲れが増すことに気づきました。これは当然といえば当然です。なぜなら、気持ちはすでにこれからやらなければならない仕事のほうを向いていて、おそらく早い段階でそのプレッシャーを感じているからです。最近の研究によれば、人の想像力はたくましく、現実世界で実際に見聞きするものを変えるほどの力を持つようです。そのため、**大変な仕事が待ち構えていると思うだけで、エネルギーレベルに影響を与える**というのは、必ずしも大げさな話ではないのです。この考え方はメタ分析を専門にする研究者からも支持されています。彼らは「自制心の必要な作業が先に待っていると思うことで、「自我消耗」効果を増す」と述べています。私の場合は、目標を腕立て伏せ1回に変えたときに、主観的な疲れがしぼんでいきました。それどころか、たった1回でいいのなら、いくらでもエネルギーがあるとさえ感じました。どんなに小さな行動でも、それを簡単にできると思えることが、エネルギーを引き出すのです。

小さな習慣で得られる結果——主観的な疲れを完全に取り去る方法はありませんが、小さな習慣は疲れを驚くほど軽くできます。目標を小さくすれば、その目標と自分の能力を比較したときに、大きな自信とエネルギーが感じられます。私は（主観的に）疲れ果てているときであっても、本を2ページ読むぐらい、あるいは50ワードの文章を書くぐらいのエネルギーは十分に残っていました。もしあなたが「そんなちっぽけな課題をこなす」ことにどれだけの価値があるのだろうと疑問に思っているのなら、その価値は十分にあると答えられます。これについてはまた後ほど説明します。

⑤血糖値レベル

血糖（血中グルコース）はエネルギー源として重要で、血糖値が低いと疲れを感じます。危険なほど低くなると、意識を失うことすらあります。血糖値レベルには遺伝、食事、ライフスタイルが影響を与えます。

小さな習慣それ自体は、血糖値とは無関係なのですが、意志の力を効率的に使う方法として優れているために、血糖値を安定させる助けにはなります。物事を小さな部分に分け、苦労せず〝知的に消化〟できるようにすることで、ストレスが減り、知的エネルギー効率が高くなるのです。これが1年に体重を45キロ減らすという目標なら、つねにエネルギーを失わせ、精神的な負担になるでしょう。これほど大きな目標にしてしまうと、その半分の二十数キロを減量できたとしても、達成感は得られないかもしれません。そんな目標に関心を持てる人がいるでしょうか？　一度の運動は、45キロ減量という大きな目標に比べれば、バケツの中の1滴の水くらいでしかありません。目標と比べれば取るに足りない運動を1回終えたところで、いい気分になるのはむずかしいでしょう。ところが、**小さな習慣なら、意志の力を保ちやすく、すべてのステップが成功と感じられます**。目標を上回る成果を上げられたときには、それだけ気分も高揚します。これはいつも自分を勝者だと思える方法なのです。なぜなら、勝者のように感じられる人は、勝者のように行動するからです。

小さな習慣で得られる結果――血糖値レベルは小さな習慣と直接の関係はありませ

んが、エネルギーと意志の力を効率的に使えるため、また気分を高める効果もあるため、ほかのどんな習慣づくりの方法と比べても血糖値を安定させられます。そして、小さな習慣であれば、血糖値が低くて疲れを感じていたとしても、いずれにせよ行動をとれる見込みが高くなります。

小さな習慣は、自分の限界点を超えていく

今、**あなたにはコンフォートゾーンがあります**。自分を取り巻くサークルのようなものを想像してみてください。あなたはそのサークルの中にいれば快適でいられますが、あなたの目標のいくつかはサークルの外にあります。この境界線を越えたところに、健康で体重も軽くなった自分の姿が見えるかもしれません。自分が書いた本や読みたいと思っている本を思い描くかもしれません。ネガティブな思考にとらわれることのない、幸せな自分の姿が思い浮かぶかもしれません。家で料理をしている自分の姿でもいいですし、何であれ、あなたが改善したいと思っていることを思い浮かべてください。これらがあなたのコ

ンフォートゾーンの外にあるのは、多少の不快な思いをしなければ手に入らないからです（大脳基底核が管理する現在の習慣から離れなければなりません）。

この変化を実現するためにふつう使われる方法は、思い切ってサークルの外に出て、〝成功するために必要なことは何でもする〟というものでしょう。自分のコンフォートゾーンの外に飛び出し、そこにとどまろうと必死に努力するのです。そのとき、あなたの潜在意識の脳はこう言ってきます。「これは面白い。でも、この大きな変化はどうにも居心地が悪い」。そして、外にとどまるだけのモチベーションや意志の力を失ってしまうと、潜在意識の脳はあなたを元のコンフォートゾーンに連れ戻します。

それでは、小さな習慣はどうでしょう？　小さな習慣は、**コンフォートゾーンの境界線のところまで歩いていき、一歩だけそこから外に出ること**、と考えられます。そこはサークルの中ほど快適ではないのですが、それでも大きな違和感はありません。一歩後戻りすれば、すぐにコンフォートゾーンに戻れるとわかっているからです。最初の何回かは、すぐに中に戻ってしまうかもしれません（小さな課題をこなすだけで終わりにします）。しかし、何度かサークルの外に踏み出しているうちに、あなたの潜在意識は次第にそれに慣れ、サークルが広がっていきます（これが小さな習慣が本格的な習慣へと発展するプロセスです）。こうすると、サークルの外に勢いよく飛び出していったときとは違い、あなたは境界線の位置を元に戻すことなく、どんどん広げていけます。これこそが小さな習慣の魔法です。私はあなたが最初の一歩を踏み出したあとに、境界線の外を探検したくなってほしいと思っていますが、たとえその気にならなくても、やがては最初の一歩を踏み出して新しい行動を試す経験を快適に感じるようになるはずです。それが、その行動をさらにスケールアップさせ、自分を成長させるための頑丈な基礎を築くことにつながります。

腕立て伏せであれば、「毎日1回する」ことが小さな習慣として適当でしょう。この小さなステップは、あなたが想像する以上にさまざまな影響をもたらします。なぜなら、あなたは腕立て伏せを1回するという考えに慣れてくるだけでなく、腕立て伏せそのものについても、それを毎日することについてもポジティブな印象を持つようになるからです。そうなれば、もっと回数を増やしても、たいしたことではないと思えるようになります。本当ですよ。そして、そう思うことが、小さな習慣にとっての最悪のシナリオでもあります。つまり、目標以上のことをしなくなるという問題が生じる場合があるのです。

小さな習慣を始めると、目標を達成したあとにおまけを加えることが多くなると思います。その理由は、物理の基本的なルールと関係があります。ニュートンの「運動の第一法則」はこう述べています。

1．静止している物体は、外からの力が加わらないかぎり、そこにとどまって動かない。

2．動いている物体は、外からの力が加わらないかぎり、その速さが変化することはない。

この法則と小さな習慣との関連性がわかりますか？　最初のステップを踏み出すことに成功した瞬間に、あなたは正式に〝運動に入った〟ことになります。ニュートンの法則（または物理の基本）が示すとおり、いったんスタートを切ってしまえば、やり続けるのと同じくらい、やめるのがむずかしくなるとわかるはずです。それに加えて、行動を起こしている自分自身の姿ほど、モチベーションと励ましを与えてくれるものはありません。すべてをまとめると、次の新しい公式が生まれます。

ひとつの小さなステップ＋望ましい行動＝次のステップに進む可能性が高まる

脳が変化に抵抗するふたつの瞬間

ヴァージニア州に住んでいたころ、わが家では猫を1匹飼っていました。雪が降ると、私たちはごく自然な好奇心から、家猫が雪にどう反応するかを見たくなりました。猫は水が嫌いですが、ふわふわした凍った水なら好きなのでは？　いいえ、そんなことはありませんでした。

まず、私たちは裏庭に出て、猫を雪の上に放り出してみました。これは失敗。猫はそこで動きを止め、数秒間とまどった様子を見せていましたが、すぐに家の中に駆け戻りました。

次に（同じ日のもっと遅い時間に）、今度は地面と雪の境界線のあたりに置いてみました。成功です！　猫はそのあたりを歩き回り、いくらか探検もしていました。

あなたの脳は雪に驚く猫と同じです。この比喩はほかの場所で自由に使ってもらってかまいません（私は意外性のある比喩が大好きなのです）。**大きな変化に直面すると、あなたの脳はびっくりして飛び上がり、快適に感じられる日課へと駆け戻ってきます。**しかし、穏やかな変化をほんのちょっとだけ与えれば、（恐れることなく）好奇心にかられてもっと探検したいと思うかもしれません。

脳は変化に抵抗するようにプログラムされていますが、その抵抗の大部分はふたつの特定の瞬間に生じます。

最初のアクションがいちばんむずかしい

自分を道の上に置いてあるボールだと思ってください。つまり、ニュートンの法則で言うところの「静止している物体」です。モチベーションに頼る方法では、行動を起こす前に自分をやる気にさせるように促しますが、何も考えずにただ1センチだけ前進して、その勢いを借りてさらに進むほうが簡単だとは思いませんか？　もちろん、そうですよね？　**ほんの少しだけ前に進めば、あとは自然に転がっていけます。**そして、ひとたび転がり始めれば、もっと都合のいい2番目の法則――「動いている物体は、外からの力が加わらないかぎり、その速さが変化することはない」に変わります。

私たちは目標に向かって、できるだけたくさん、できるだけ頻繁に動きたいと思っています。そのために必要なのは、本当に簡単な最初のアクションです。なぜなら、どんな課題でも、始めること自体が最初の抵抗を引き起こし、最初の壁となるからです。スタートがいちばんむずかしい部分なのですが、それは必ずしもスタートをむずかしくしなければならないという意味ではありません。〝いちばんむずかしい〟は比較のうえでのことにすぎません。

最初のアクションが軽いひと押しでできることなら、最初の抵抗も小さくてすみます。そして、アクションが始まると、第二の抵抗の波がやってきます。この第二の〝波〟の強さは、最初のアクションの影響がどれほど大きかったかによって変わります。

アクション後に起きる第二の抵抗

小さな習慣は、**第一の抵抗に対しては、最初に必要なステップを小さくすることで対処します。**課題自体も、できないのではと心配する必要がないほど簡単なものにします。目標の大きさに圧倒され、（猫が雪から逃げ出すように）もとの生活に駆け戻ったりしないようにするのです。

しかし、いったん始めると、別の抵抗の波が襲ってきます。私の経験では、最初の一歩さえ踏み出してしまえば、この第二の壁を完全に打ち破れることも多くありました。すでにいくらかの練習をこなしているからです。それでも、最初のうちは、うまく乗り越えられることはずっと少なかったと思います。どうしてかわかりますか？　ここで、脳について考えてみてください。

この抵抗はミステリーでも何でもありません。**潜在意識の中で、新しい行動といつもの行動が対決している状態が抵抗なのです。**大脳基底核は最初の小さなステップには抵抗しないようにうまくだまされましたが、脳のこの部分が本来望むのはいつもどおりの行動ですから、あなたがもっとやろうとするときには抵抗を示します。そこで、最初のステップで抵抗を十分に弱められなかったときには、もうひとつ小さなステップを設けてください。大脳基底核は小さなステップに対しては〝防御〟を固めようとはしません。**警戒するのは大きな変化だけです。**ゆっくりと一度に一歩ずつ進むようにすれば、あなたは自分の脳のルールに従ってプレイしていることになります。

私が「腕立て伏せ1回チャレンジ」で成功したときにも、小さな目標をひとつずつこなしていく方法をとりました、私の脳はそのすべてを受け入れてくれました。しかし、10分まとめてやろうと考えたときには、脳は「だめだめ、絶対にだめ。さあ、ビデオゲームでもやろうじゃないか。運動はもう十分だろう?」と言ってきました。そこで、私はこう言い返しました。「でも、エクササイズ用のマットを出してくるだけならいいだろう?」。するとと脳は、「まあ、それくらいならいいだろう」と納得してくれました。その後どうなったかは、お話ししたとおりです。

最低限の課題をこなしたあとで、もっとやりたいと思ったときには、小さなステップに分けて進むように心がけてください。ただし、いつも目標以上にやろうとは思わないこと。これまで説明してきたように、この方法で課題をつねに小さくしているのは、たくさんの理由があってのことなのです! あなただって目先の利益のために将来のもっと大きな成功を危険にさらしたくはないはずです。もっとも、あなたがすっかり怖気づいて、いつも小さなステップだけで終わらせるようにはなってほしくないので、これだけは言っておきましょう。自分に課す小さな習慣が、紙の上で、そして心の中でも小さく見えるなら、あなたの小さな習慣計画はうまくいっています。

今度は、この抵抗の瞬間に小さな習慣がどう働くのかを詳しく見てみましょう。

精神的な抵抗と身体的な抵抗

抵抗が生じる瞬間はふたつある、と言いました。今度は、抵抗のふたつの形、つまり精神的な抵抗と身体的な抵抗について考えていきたいと思います。

モチベーションでは抵抗と戦い続けることはできません。これは、たまにだけ効果のある解決法です。モチベーションのスローガンとしては、映画『俺たちニュースキャスター』の次のセリフがぴったりくるでしょう。「6割の時間でいいなら、いつだってうまくいく」。

ただし、これはモチベーションにかぎったものではありません。**意志の力をむやみに使うことも同じように効果がないのです。**賢い資産運用が経済的成功の鍵になるのと同じように、賢い意志の力の管理が個人の成長の鍵となります。ふだんは比較的低賃金の仕事をしている人たちが賢い資産運用を通して億万長者になることもあれば、毎年何百万ドルも稼いでいる一流の運動選手が破産することもあります。あなたもしっかり行動計画を立てておかないと、間違った意志とモチベーションの使い方をして、どっちつかずになり、苛立ちを覚えるだけで終わってしまうかもしれません。

これに対して、小さな習慣は次のように精神的・身体的な壁を打ち破ります。ここでは誰でも関心を持てる運動を例にふたつのシナリオを用意してみました。

シナリオ1 あなたには運動するエネルギーはあるが、やりたいと思っていない（精神的な壁）

私たちはモチベーションには頼らないと決めたので、残るのは意志の力だけです。ただし、筋トレメニューを一通りこなす代わりに、腕立て伏せを1回だけするように自分を説得します。その1回だけは絶対にこなさなければなりません。このシナリオでは、あなたには十分なエネルギーがあるので、腕立て伏せ1回ならたいした課題ではありませんよね？　いったん始めてみれば、たいていはモチベーションもあとから追いかけてくることに気づくでしょう。

このシナリオでは、あなたは今すぐ運動したいとは思っていませんが、生活の中に運動を取り入れたいとは思っています。今この瞬間の感情とこれから先の人生をどう送るかについての考えが、対立した状態です。最初の1回の腕立て伏せをすれば、たいていは将来への期待のほうが強くなって、最初にあった抵抗を抑えます。そうならないときには、私が「腕立て伏せ1回チャレンジ」をしたときのように、さらにいくつか小さな目標を設ける必要があるかもしれませんが、それを続けるうちに、体の動きに心が同調してきます。そして、**小さなステップをひとつ終えるごとに、長く健康的な生活を送れるという将来の見通しがどんどん魅力的に思えてくるでしょう。**

意志の力についての項で、目の前の課題がどれほどむずかしそうに見えるかによって、意志への負担は大きく左右されると説明しました。そして、〝ばかばかしいほど小さい〟スタートを切れば、認知される困難と必要な意志の力を劇的に減らせるとわかりました。最初のステップをとったあとに、筋トレメニューをすべてこなすのは実際にはどれくらいむずかしいのか、脳が計算をしなおします。そして、拷問に近い過酷な試練になるという先入観や、怠け癖からくる予測がくつがえされるのです。もし運動をこなしたあとで、あるいは新しいことを試してみたあとで、「それほど悪くない」と思えたことがあるなら、あなたはすでにこの現象を実際に経験していることになります。

それでは、小さく始めたあとで調子に乗って意志の力を使いすぎ、燃えつきてしまったとしたら？　これが、ライフコーチたちが恐れる状況です。エネルギーを使い果たし、もう何もできそうもないとしたら？　ひどい頭痛に襲われたとしたら？

小さな習慣を使う方法が、行動にブレーキをかけるすべての原因を克服する万能薬になるわけではありませんが、私はこの方法が最も優れていると信じています。何かがうまくいくとしたら、これしかありません！

シナリオ2　あなたは身体的に疲れているので運動する気になれない（身体的な壁）

私は疲れを身体的な抵抗と考えていますが、これは精神的な抵抗でもあります。エネルギーを使い果たした状態というのは、一般にはモチベーションがゼロということです。私はこのシナリオを小さな習慣を使って何度となく克服してきました。たとえば、この本の文章のうち１０００ワード以上は、頭痛に悩まされている間に書いたものです。頭が痛いだけでなく、私は疲れていて、眠りたいと思っていました。書きたいと思うモチベーションは完全に失われ、エネルギーもほとんど残っていなかったのですが、それでも50ワードという小さな目標だけは達成しました（その50ワードが積み重なって1000ワードになったのです）。

多くの面で、腕立て伏せ1回は、しないほうがかえってむずかしくなるくらいの小さな目標です。本当に簡単そのもののチャレンジなので、そこにはプライドという要素が加わってきます。「私は今、頭が痛くて疲れ切っているかもしれないが、大丈夫、それぐらいならできるさ」と考えるわけです。あなたも、こんなにちっぽけな課題をこなせないなんてありえない、とたびたび思い出すようにするといいでしょう。

私が頭痛を抱えながらも書き続けられたのは、小さく始めたからでした。そのときの自分のひどい状況を思えば、最初は文字どおり不可能に思えました。以前なら、同じような状況で、これほど正当な言い訳があるときに、それでも書こうとすることなどありえませんでした。遅れを取り戻すためにあとで必ずする、と自分に約束するのがいつものやり方でした（**年を重ねるにつれ、今が昨日から見た〝あと〟であり、〝あとでやる〟は間違ったプラン**だと気づきました）。真夜中に頭痛に襲われて、しかも疲れ切っているというのは、最悪の状況です。「レム睡眠は心地いいわよ、スティーヴン」と、ベッドが誘いかけているような気がします。私はどんよりした目で暖かそうな布団のほうを見つめ、こう答えます。「すぐに行くよ、愛しい君」。

私が自分に義務づけた課題はごく簡単なものだったので、1分だけ時間を使い、それで終わりにしようと決めました。ところが実際に始めてみると、1000ワードも書いていました。自分でもびっくりです。それが、私が小さな習慣の力に気づいた瞬間でした。

小さな習慣はいったん始めると、勢いがついて自分ではもうやめられないという気持ちにさせます。それがなぜだかわかりますか？　私がなぜ、「小さな習慣を使うと、ほとんど誰でも優れた習慣を生活に加えられる」と、自信を持って言えるのかがわかりますか？　意志の力がほんの少ししか残っていないような状況でも、自分に課した行動をこなせるのであれば、それは優れたやり方だという証拠です。小さな習慣の基本的な考え方は、私個人の経験ではなく、意志に関する科学に基づいたものです。私の経験が科学と一致したにすぎません。小さな習慣はわずかな意志の力で最大限の勢いを生むように考え出された、完璧なシナリオなのです。

小さな習慣は、ライフスタイルに合わせて柔軟に取り入れられる

あなたは忙しい人ですか？　自分のしたいこと、しなければならないことに追われていると感じますか？　どの方法を選ぶのであれ、あなたが考えなければならないのは、それを自分の生活にうまく組み込めるかどうかです。習慣づくりに関する本の多くは、（賢くも）一度にひとつの習慣だけを取り入れるようにすすめています。それは、私たちのかぎられた意志の力では、一度に多くの習慣には取り組めないからです。しかし、半年もの時間をたったひとつの習慣だけにつぎ込み、改善したいほかのことをすべて無視したい人などいるでしょうか？　習慣は重要で価値あるものですが、体力づくりをしたいと思っているときに、書くことだけに集中するのはイライラします。現在集中して取り組まなければならない行動と、改善したいと思っているほかの部分が対立し、あなたの注意を逸らします。これはずっと無視されてきた大きな問題で、これまでのところは解決策がありませんでした。

小さな習慣なら本当に小さな行動から始め、意志の力を効率的に使えるので、一度に複

数の習慣に取り組めます。忙しくて時間に追われた人たちでさえ、小さな習慣をいくつも身につけることに成功しています。小さな習慣をあなたの生活の基礎になるものとみなしてください。どれも必ずやらなければならないことですが、数分もあれば全部終えられます。それが終わってしまえば、〝おまけ〟であろうと、そのほかの活動であろうと、自分の好きなことをしてかまいません。**小さな習慣は、現在のあなたのライフスタイルに合わせて、いくらでも柔軟に取り入れられるはずです。**それでいて、生活改善のための効果的な「てこ」になります。最初は生活の中に取り込む小さな習慣だったものが、何かもっと大きなものに成長するからです。

第5章

小さな習慣はなぜ優れているのか

「勝利する軍隊は最初に勝利を確実にしてから戦場へ行く。
敗北する軍隊は戦場に行ってから勝利を追い求める」

——孫子の兵法

小さな習慣は、あなたの人生を変えると宣伝する他の方法と、どこが違うのでしょうか？　習慣づくりと個人としての成長を実現させる方法として、どこが優れているのでしょう？　こうした疑問を持つのも、もっともです。ここで答えを明らかにしておきましょう。

小さな習慣は、すでにある習慣と競い合う

習慣を変えようと努力する人たちに関する調査の結果は、がっかりするようなものばかりでした。**いったん習慣が定着してしまうと、強い意志を持ってしてもそこから抜け出すのはむずかしい**というのです。一日で考えてみても、あなたは自分が思っている以上に習慣的な行動をとっています。こうした習慣が、新しい健康的な習慣を加えようとするあなたの努力をじゃまするのです。

小さな習慣が他の方法より優れているのは、その競争力の強さです。新しい行動を取り入れようとするのは、トレーニングなしで重量挙げの大会に出場するようなものかもしれ

ません。大勢の競争相手がいて、さらに悪いことに、彼らはあなたより経験も実力も勝る人たちです。ここで、たいていの習慣づくりの方法は間違った方向に進んでしまいます。あなたの生活にすでにしっかり根づいている習慣に対して、いきなり真正面から挑ませようとするのですから（私なら、たばこを吸いながらテレビを見るほうに400ドル賭けるでしょう）。たとえば、これまでほとんど文章など書いたことがない人に、毎日2000ワード書くように促したり、ソファでテレビを見てばかりいる人に毎日1時間の運動をするように促したりするなど、生活を大きく変えるような挑戦をさせようとします。問題は、こうしたやり方では意志の力をすぐに使い果たしてしまうことです。あなたがすでに相当な自己鍛錬を積んでいるのでないかぎり、どう計算してもあなたにとって不利な状況のはずです。あなたはきっと意志の力を使い果たして〝燃えつきて〟しまうことでしょう（そして400ドルは私のものになります）。

人の脳は大きな変化に抵抗を示します。あなたはこれまでに、職を得る機会を逃さないためには、とにかく最初の一歩を踏み出すことだ、と誰かが言うのを聞いたことがあるでしょうか？　小さな習慣もコンセプト自体はそれと変わりませんが、就職先を見つける代わりに、ここでは脳の働きについて話しています。〝燃えつきた〟状態というのは、大脳基底核に脳のコントロールをまかせる前に、前頭前野が与えられたエネルギーを使い切ってしまった状態といえます。どんな課題でも、まず潜在意識の脳はあなたが求めているものを見て、そのために必要な意志の力をチャージして脳の制御室に送り込みます。あなたが要求できるのは、毎日手動でコントロールできるわずかな意志の力だけですが、意志はいったん制御室に入ると、がぜん勢いづいてきます。言ってみれば、これは小さな意志を装ったトロイの木馬で、小さくなってすーっと脳の制御室に入り込むと、そのあとで勢いをつけ、もっと大きな結果を得ようとするのです。私がそれに気づいたのは、最初の腕立て伏せをしたときでした。始めるときの体勢は、本格的な筋トレを始めるときと同じですが、すべてのメニューをこなそうとするときのようなプレッシャーは感じませんでした。なぜなら、私が自分の脳に求めたのは、メニュー全体をこなすことではなかったからです。

小さなステップとわずかな意志の力があれば何でもできる

小さなステップとわずかな意志の力が、あなたを成長させるための完璧なチームとなります。**ひとつの行動をとるのに十分な意志の力さえあれば、実際にその行動を始められます。**小さなステップにはほとんど意志の力は必要ありません。そのため、自分には無限の意志の力があるように感じられます。本当に小さなステップを自分に与えれば、ほとんど何でもできるように思えてくるはずです。ぜひこの方法を試してみてください。

もし好きな女の子をデートに誘えずにいるのなら、まず彼女のいる方向に左足を一歩踏み出します。次に右足を一歩出します。そうすれば、じきに彼女のいる場所にたどり着きます。彼女はあなたに「なぜそんなおかしな歩き方をしているの？」と尋ねてくるでしょう。それが会話のきっかけになります。

小さな習慣の実況レポート

私は今日、3時間もバスケットボールをして疲れていました。私の脳も体も、これからものを書くなんてとんでもない、と言っています。もう少しで眠ってしまいそうでした。意志の力などまったく残っていません。でも、とにかく50ワードだけは書くことにしました。抵抗するにはあまりに小さい目標だったからです。これが、わずかな意志の力です。そして、またしても目標の50ワードをはるかに上回る成果を上げ、今もまだ眠り込まずにいます。疲れているときでも、心と体を集中させる対象があると、それが脳を覚醒してくれるのです。

小さな習慣は、目標達成までの期日を設けなくていい

何かの習慣を身につけるまでにかかる時間として、21日とか30日とかいう謎の数字が広まっています。まるごと一冊の本がこの間違ったコンセプトをもとに書かれていることもあります。実際には、物事はそんなにすっきり片づいてはくれません。習慣の種類や人によって大きく異なるので予想自体がむずかしいのですが、何かを習慣にするには18日から254日かかります。

小さな習慣は目標達成までの期日を設けません。習慣になるまでどのくらい時間がかかるかわからないからです。その代わりに、**行動が習慣になる兆しを見逃さない**ようにすることが大切です。もしあなたが私と同じような経験をすると考えれば、あなたはきっと自分で計画していた以上の大きな習慣を身につけられるでしょう。毎日50ワードを書くとい

う私の小さな習慣は、2000ワードを書く習慣にまで発展しました（もちろん、毎日2000ワード書くわけではありませんが）。

小さな習慣は、自分を信じるためのトレーニング

自己肯定感という用語は、行動科学研究に関する文献を読む人でないかぎり、あまり耳にしないかもしれません。**自己肯定感とは、自分には結果を引き出す能力があると信じること**です。2年にわたる実験の結果、生活に運動を取り入れて続けられるかどうかは、基本レベルの自己肯定感が大きな影響を与えるとわかりました。これは医療目的で運動する必要がある人だけでなく、運動したいと思っている人にも当てはまります（もちろん、誰でも運動をして健康を維持すべきではあるのですが）。実験を担当した研究者たちは報書の中でこう述べています。「患者が処方されたとおりの運動プログラムをこなせるかどうかに関しては、運動についての自己肯定感が高まるほど成功率が高くなった」。

自己肯定感は目標の達成や習慣づくりを助けますが、心理学者のアルバート・バン

デューラは、「必要な能力が欠けているときに、期待だけで望ましいパフォーマンスが生み出されることはない」とはっきり述べています。自分を信じるだけでは足りません。しかし、うつを患う人、意志の弱い人、何度も間違いを繰り返す人には、成功のために必要とされる基本的な自己肯定感が欠けている傾向があります。自分は失敗するだろうと思っていれば、ポジティブな結果を得るのはむずかしいでしょう。

小さな習慣を使うと、まるで機械で送り出されるかのように、自己肯定感が生まれます。それどころか、自己肯定感がゼロであってもうまく行動を始められます。毎日の成功の積み重ねが、自己肯定感を高める訓練になるのです。毎日1回腕立て伏せをするぐらいなら、自分の能力に疑いを持つことなどありえません。この文章を読みながらセンテンスとセンテンスの間にぱっと終わらせることだってできるでしょう。**小さな習慣は、自分を信じるためのトレーニングでもある**のです。

思い出してほしいのですが、脳は同じ行動の繰り返しを好みます。したがって、多くの人にとっての問題は、目標を達成できずに終わったらどうしようという不安が芽生えることです。やがてこの不安が自己肯定感を押しつぶしてしまいます。なぜなら、同じことをして、次には別の結果が得られると信じるのはむずかしいからです（とくに前回失敗したときと同じやり方をするときには)。**自分で失敗するだろうと思ってしまえば、まさにそのとおりの結果になります。**でも本当は、あなたにはそれができるのです。これは、モチベーションとは違います。理屈を述べているだけのことです。あなたは本当に自分の生活を改善できるのです。できないと思うほうがおかしく、理屈に反しています。それは、自分にはできないと思い込むように訓練した結果でしかありません。

小さな習慣は新たなスタートを切るのに最適な方法です。あなたはもう大きすぎる目標に怖気づく必要はありません。罪の意識に悩むことも、自分の能力は不十分だと自信を失うこともありません。この方法を使えば、毎日成功を収められるのですから。勝利はささやかなものかもしれませんが、打ちひしがれた心にはどんなに小さな勝利でも大きな勝利に感じられます。

今、あなたはこう思っているかもしれません。「一日にたった1回の腕立て伏せや、たった50ワード書くことが、どれほどの助けになるというのだろう? たいした進歩にはならないじゃないか」。

まず、その考えは間違いです。小さな行動が習慣になるとすれば、それは重要な変化で、あなたの生活に大きな影響を与えます。習慣は何より行動を支える力強い基礎になります。

たまに30回の腕立て伏せをするより、毎日1回する習慣のほうがずっと優れています。それは、習慣になった行動だけが強化され進歩していくからです。

また、設定した目標以上するのも自由で、好きなだけ増やしてかまいません。私は今ではほとんど毎日のように目標以上の成果を上げるようになりました。しかし、私が2000ワード書こうという気になるのも、最初の目標が一日にたった50ワードだったからです。以前はまったく書けない日もありました。たくさん書こうと欲張る気持ちが強くて、かえって書けなくなっていたのです。今では以前の少なくとも3倍は書いています。それは、始める段階で以前のように怖気づかなくなったからです。自分が設けた安全策も気に入っています。つまり、数分で50ワードさえ書けば、もうその日はそれで終わりにしてもいいのですから、これは本当に自信を与えてくれる方法といえます。

小さな習慣はあなたに自由を与える

2012年に411人を対象に実施された仕事の満足度調査で、アメリカとカナダ在住の回答者のうち65パーセントは、自分の仕事に不満があるか、いくぶん不満があると回答しました。その原因のひとつは、従業員に力を与えるのではなく、彼らを支配しようとする伝統的な管理哲学にあるのではないかと思います。別の調査では、**自分で仕事をコントロールしたり決定を下したりできることが、仕事に満足できる大きな要因**だとわかりました。ヨーロッパ労働安全衛生機関がデンマークで実施した調査では、次のように報告されています。「自己裁量度の高い男性従業員の約90パーセント、女性従業員も約85パーセントが自分の仕事に満足していたのに対し、自己裁量度の低い従業員では56パーセントほどだった」。これは普遍の真理を表す具体例のひとつといえるでしょう。人は管理されていると感じると、自主的に動かなくなるものです。人は管理されることを嫌います。おそらく、自己裁量が自由を連想させるからでしょう。このことが、多くの自己啓発本の欠点でもあります。こうした本では、人生で成し遂げたいことは、血の汗を流して手に入れなければならないと教えます。血の汗？　血の汗だなんて、体の一部が拒絶反応を起こしている証拠ではないでしょうか？　たとえ自分を変えるためのプロセスだったとしても、もっと自分を大切に扱いたいとは思いませんか？

自己啓発本のもう一方の側には、モチベーションを高めるために中身のない甘い言葉を並べ立て、読む人を決して恐れさせず、心地よい気分に誘うタイプのものがあります。こうした本を読めば、一時的にはモチベーションが上がるかもしれませんが、すでに述べたように、感情とモチベーションに頼る方法では長期的な効果は得られません。

あなたはこれからの旅で、小さな習慣の軽やかさにどんどん惹かれていくはずです。とはいえ、軽やかなのは、丈夫な骨組みに欠けているからではありません。あなたの気持ちを高めるためだけの、中身のない方法とは違うのです。あなたは毎日、または毎週、**必ずしなければならない目標を自分に課しますが、どれも簡単にできるものばかりなので、管理されているとは感じません**（これが大切なポイントです！）。そして、いったんその小さな義務を果たしてしまえば、自分の好きなことを好きなだけする自由があります。罪の意識を感じることも、大きすぎる目標に圧倒されることもなく、新しい経験を自由に試し、探検できるのです。それが、この方法を楽しいものにすると同時に、科学的にも証明された効果をもたらすのです。

ある実験では、被験者が目の前の課題や決定を面白いと感じたときには、（退屈、面倒、むずかしいと感じたときとは違い）粘り強く取り組めるとわかりました。この実験を担当した研究者たちは、自分で決断できる自由が強い影響を与えたと報告しています。もう気づいていると思いますが、この自主性が、小さな習慣の鍵となる特徴のひとつです。小さな習慣を終えたあとは、自分の好きなことを好きなだけできるのですから。自主性は私たちがもともと持っているモチベーションを活性化させる働きがあるようです。自主性を増すことでよりよい結果が得られた例として（それぞれが実験で証明されました）、病的に太った人たちが体重を減らし、たばこを吸う人が禁煙に成功し、糖尿病を患う人が血糖値を自分で管理できるようになりました。

小さな習慣は、抽象的な目標と具体的な目標を結びつける

目標には、抽象的なものと具体的なものの2種類があります。たとえば、「金持ちになりたい」は抽象的な目標で、「今日の午後3時にレモネードを売って15ドル稼ぎたい」が具体的な目標です。たいていの自己啓発本は、具体的な目標を持つように強くすすめます。しかし、抽象的な人生目標や価値観を明らかにしておくことも同じように大切です（以前、私がこのテーマで書いたブログ投稿では、これを「根本的な存在意義」と呼びました）。

抽象的な考えは抽象的な目標の追求には役立ちますが、具体的な目標の追求に必要な自己管理能力を妨げます。そのため、具体的な目標の達成にはじゃまになるかもしれません。

アパルナ・A・ラブルーとヴァネッサ・M・パトリックの実験で、効果への期待感が思考に影響を与えるとわかりました。この実験では気分を操作するさまざまなテクニックが使われました。たとえば、被験者に「人生最良の日か最悪の日のことを考えてください」と指示したあとで、抽象的な思考能力や優先傾向を評価するテストをおこないました。その結果、5回にわたる実験から、幸福感は抽象的な思考を刺激し、物事の全体像を思い描かせるのに役立つものの、具体的な思考を必要とする目標の追求には妨げになると結論づけられました。

また、アイエレット・フィッシュバックとラヴィ・ダールの研究では、もうひとつの問題が明らかになりました。彼らによると、早い段階で満足感を得たり、成功への期待が高まったりすると、すでに成功したかのように感じるそうです。この実験では、ダイエットをする人たちがふたつのグループに分けられました。研究者は片方のグループにのみダイエットの成果を知らせ、その後、両方のグループに褒美として、リンゴかチョコレートのどちらかを選ぶように言いました。ダイエットの成果について知らされていたグループは、

85パーセントがチョコレートを選びましたが、もう一方のグループでチョコレートを選んだのは58パーセントだけでした。成果を知らされた最初のグループには「私には褒美をもらう権利がある」という気持ちが生まれたことを示しています。

小さな習慣の優れた点のひとつは、気分に関係なく課題を実行できることです。その中には進歩のじゃまをする目標達成前の満足感も含まれます。やらなければならない課題がほんの小さなものなので、幸福感であれ無気力であれ、やらずにすませる言い訳は存在しません。

幸福感は具体的な目標に向かって進むのをじゃましますが、小さな習慣の場合は、具体的な目標といっても、たった1回の腕立て伏せ程度のことなので、抽象的な考えにとらわれているときでも簡単にこなせます。精神力も注意力もほとんど必要ありません。そして、幸福感は抽象的な目標に対しては集中力と実行能力を高める効果があるので、具体的な目標を達成したあとに「健康的な体になる」という抽象的な目標を思い浮かべれば、もっと運動したいという気持ちが高まるはずです。

私自身、小さな習慣で成功して幸せな気分になると、そのおかげで具体的な小さな目標を達成するのが少しだけむずかしくなりました（それでもまだ簡単ではあったのですが）。

その一方で、小さな習慣を始めてからは、それに関連した抽象的な目標、つまり、もっとたくさん書き、もっとたくさん読み、もっと健康的な体になるという目標を追いかけるのが楽になりました。

小さな習慣は抽象的な目標と具体的な目標の両方に力を与えますから、どちらか片方に強い人は成功のチャンスも高まります。私が「腕立て伏せ1回チャレンジ」で、15回の腕立て伏せを終えるまでに何段階もの小さな目標を設定したことを覚えていますか？　筋トレを最後までやり遂げるには、具体的な小さな目標に頼らなければなりませんでした。この柔軟性が小さな習慣を継続させるのに重要なのです。なぜなら、人の気分は日によって変化するからです。プロセスが柔軟であれば、どんな状況にも妨害にも対処できます。小さな習慣が完全に失敗するような状況は、ほとんど思い浮かびません。反対に、小さな習慣をはるかに超えた大きな成果を得られるシナリオならたくさん考えられます。私は自分の3つの小さな習慣のうち、ひとつに失敗したことが一度だけありました。本を2ページ読むのを忘れて眠ってしまったのです。小さな習慣はどんな気分や状況にも完璧に対応できます。幸せな気分のときも、やる気十分なときも、疲れていても落ち込んでいても、あるいは病気のときでも、小さな習慣を終わらせるだけでなく、おそらくもっと多くをこなせるでしょう。

小さな習慣は、「恐れ、疑い、おびえ、ためらい」を克服する

これらは**すべて、行動することで克服できます。**最初の一歩を踏み出しさえすれば、すぐにではなくてもやがては恐怖心を克服できるでしょう。私はもう書くことに怖気づいたりはしません。十分な量を読めなかったと罪の意識を感じることもなくなりました。ジムへ行くのも、今はもう気が滅入る厄介な挑戦ではありません。それどころか、楽しみにしているくらいです。実際に経験してみてそれが恐ろしくないとわかれば、恐怖心は消えてしまうものなのです。

小さな習慣はその最初の一歩を踏み出そうという気持ちにさせてくれます。あまりに簡単だからです。そして、すぐに安全なコンフォートゾーンに引き返してしまったとしても、翌日にはまた境界線の外に踏み出してみようと思えます。やがては、二歩目も踏み出せるようになるはずです。**小さな習慣はあなたの疑いや恐れを、安心できる形で表に引き出し、**

それを克服するように励ましてくれます。毎日書くことは簡単で、〝ライターの壁〟と呼ばれる書けない現象は、自分の思い込みにすぎないのだと気づきます。そこからは、もっとたくさんの本を読み始めるでしょう。もっときれいな家に住むようになるでしょう。あなたが望んでいたことすべてが現実になっていきます。

小さな習慣は集中力と意志の力を高める

人が身につけられる重要なスキルのひとつは、マインドフルネスと呼ばれる「気づき」です。これは、**自分の思考や行動に意識を集中できること**を意味します。それができるかどうかで、目的を持って生きるか、形だけの行動ですませるかの違いが生まれます。

あなたの小さな習慣が一日に1杯の水を飲むことであれば、ほかのときにも、どれだけ水を飲んでいるかをつねに意識するようになるでしょう。どんなに小さなことでも、毎日それをするように自己管理が必要となれば、その行動につねに意識を向け、課題をこなしたあとでもそれについて考えることが多くなります。私は小さな習慣のおかげでつねに書くことに意識を向けるようになり、今では一日中、もっと書く時間がとれないかと考えています。あなたも小さな習慣をこなしているうちに、ごく自然にその行動に意識を向ける習慣が身についていくはずです。それが、将来のすべての習慣づくりを（悪い習慣を改めることを含めて）助けてくれるでしょう。

もうひとつは意志の力の強化です。体力と比べ、意志にはもっと持久力が必要ですから、小さな課題をしばしば繰り返すのは、意志の力の筋肉を〝鍛える〟理想的な方法になります。**意志の力が強くなるほど、自分の体をうまく使えるようになっていきます。**

多くの人は自分の体の奴隷となっているので、ちょっとした感情の変化や気まぐれにもすぐに反応してしまいます。そのときにやりたいと思わなければ、何もできないと信じ込んでいます。しかし、小さな習慣は、わずかな意志の力を使うだけで身につきますから、この考え方を改める優れた方法になるでしょう。

さて、説明はこのへんで終わりにして、そろそろ行動に移りましょう。次の章では、生涯続けられる小さな習慣を身につける具体的な方法を紹介していきます。

第6章

大きな変化をもたらす「小さな習慣」8つのステップ

「実行に移さないアイデアは死んでしまう」
——ロジャー・フォン・イーク

この章は、あなた自身が小さな習慣を選び、実行していくためのステップ・バイ・ステップの利用ガイドになります。**ぜひ紙とペンを用意して、自分のプランを書き留めて**いってください。本当に楽しいのはここからかもしれません。

ステップ1 小さな習慣とプランを選ぶ

まず、**これから身につけたいと思っている習慣をざっとリストにしてみてください。**重要なものはすぐに思い浮かぶと思います。これが、ステップ1を進めていくためのたたき台になります。minihabits.com（＊訳注：英文サイト）でも小さな習慣のアイデアを紹介しています。

（注意：minihabits.comで紹介しているアイデアはすでに小さくした形になっていますから、それがどんな習慣を小さくしたものかを理解したうえで書き留めてください。腕立て伏せ1回は、フィットネスというもっと大きな目標、あるいは腕立て伏せを毎日100回するという目標を小さくしたものです。いちいち考えるのが面倒なら、今のところは最終目標

の習慣を書き出しておくのがいいでしょう）

身につけたいと思う習慣がほかにもあるのに、ひとつの習慣だけに集中するのはつらく感じるはずです。**ひとつの習慣のために数カ月間、ほかのことすべてを無視するには相当の自制心が必要**です。生涯続く習慣を身につけるのですから、それだけの犠牲を払う価値はあるのですが、大変な挑戦であることは間違いありません。

でも、ご心配なく。すでに述べたように、小さな習慣なら一度に複数の習慣に取り組めます。意志の力はほとんど必要なく、プランに柔軟性があるためです。ただし、始めるむずかしさや、設定目標以上にどれだけやりたいと思うかは、習慣ごとに異なります。たとえば私は、おまけのページを読むよりも、おまけの文章を書くことのほうが多くありました。私にとっては書くことの優先順位のほうが高いので、ごく自然にそちらに力を入れてしまいます。とはいうものの、読むほうでも、以前よりずっと多く読むようになり、日によっては書く分量より読む分量のほうが多いこともあります。この柔軟性はあなたも気に入るのではないかと思います。パーティーや旅行などの予定に合わせて、いくらでも融通がききますから。

私が取り組んできた3つの小さな習慣は、大きな成功を収めました。運動を含めれば4

つですが、これはすでに習慣として定着し、週に3回ジムに通っています。今も毎週、成果をチェックしてはいますが、もう抵抗を感じることはありません。私の脳は今では運動に対して抵抗するどころか、逆に励ますようになっています。

一度に4つ以上の小さな習慣に取り組むのはすすめません。ひとつひとつの習慣は簡単に達成できたとしても、量が多くなると注意力が分散され、どれかひとつを怠ったり忘れたりしがちです。それだけではありません。毎日100の小さな課題をこなすところを想像してみてください。これは大変！　毎日決まった数の物事をこなさなければならないと思うと、意志の力が奪われていきます。**普通はふたつか3つの小さな習慣がちょうどいい**と思います。

習慣づくりは、私がおすすめする1週間の柔軟プランや、目標がひとつに定まっている人向けの単独の小さな習慣プラン、複数の小さな習慣プランから選ぶことができます。

1週間の柔軟プランは、どんな習慣が向いているかわからない人におすすめ

このプランでは、ひとつの習慣を試しに1週間続けてみます。そして、その結果を見て、どの長期プランを選ぶかを決めます。

1週間試したあとで、疲れややうんざり感はあるでしょうか？　それとも、設定した目標を毎日簡単に上回ったでしょうか？　もっと上のレベルの習慣に取り組みたいと思ったでしょうか？　その**課題をこなすのがどれほどむずかしかったかによって、ひとつの習慣にとどまるか、もっと加えるかを決める**ようにします。選ぶ習慣によってむずかしさは違いますから、すべての人に当てはまる目標数字は設定できませんし、それは賢い方法でもありません。また、取り組む習慣の数が多くなるほど、目標を上回るのはむずかしくなると覚えておいてください。

最後に、その小さな習慣をこなすのが最もむずかしくなる日を想像してみましょう。一日中車を運転している日かもしれません。大きなパーティーの準備をしている日かもしれ

ません。そうした日でも小さな習慣を実行できるでしょうか？　簡単にこなせる日ではなく、最も大変になる日を思い浮かべることが大切です。疲れている日、ストレスを感じている日、忙しくて大変な日でもできる習慣なら、毎日続けられます。

その結果、もうひとつ（かふたつ）小さな習慣を加えてもうまくこなせると感じるのなら、それを加えてください！　私はここで、あなたのスケジュールについては触れませんでした。それは、**小さな習慣は全部合わせても10分以内で終わるもの**にすべきだからです。自分にとって重要な習慣なら、誰だってそのために10分ぐらいの時間はとれるはずですから。

1週間の柔軟プランは、小さな習慣を試してみたいけれど、**どんな習慣が自分に向いているのかわからない人におすすめ**です。このプランは自動的にほかのプランへと発展していきます。

（注意：カレンダーの1週間後に当たる日に印をつけておき、その日に必ず将来のプランを決めること。先延ばしにしてはいけません！）

単独の小さな習慣プランは、目標がはっきりしている人におすすめ

あなたはほかの何よりも、毎日文章を書く習慣を身につけたいと思っているのでしょうか？　真剣にフィットネスに取り組みたいと思っているのでしょうか？　それとも、毎日欠かさず本を読みたいと思っているのでしょうか？　この単独プランはひとつの習慣だけに集中します。そのため、成功率はかなり高くなります。私は「腕立て伏せ1回チャレンジ」でこのプランを試しました。毎日欠かさずに少なくとも1回は腕立て伏せをするというものです。もしあなたの意志の力が以前の私と同じくらい乏しいか、あるいは気分が落ち込んでいるのなら、今すぐに取り組める習慣はひとつが精いっぱいかもしれません。それでもどこかでスタートを切らなければなりません。

このプランは、**今のところ何より重要だと思える目標がある人に向いています**。それに比べれば、ほかのことなど取るに足りないと思えるような目標です。また、**自制心に自信がなく、それを改善したいと思っている人**にとっても、このプランは優れた選択になるでしょう。小さな習慣はいつでも加えられますが、ひとつ削るのは心が痛む決断になると覚

えておいてください。

複数の小さな習慣プランは、ひとつの習慣で満足できない人におすすめ

これは**私が現在使っているプランで、最もレベルの高いもの**ですが、だからといって初心者には手が出せないというほどではありません。私は現在3つの小さな習慣に取り組んでいますが、そのうちのふたつは実質的には同じものです。何用でもいいから毎日50ワード以上の文章を書く、一冊の本にすることを目指して毎日50ワード以上の文章を書く、そして、本を毎日2ページ以上読むという3つの習慣です。これに加えて、今では（小さな習慣ではなく）本格的な習慣に発展したものとして、週に3回ジムに通っています（「腕立て伏せ1回チャレンジ」から発展したものです）。このように毎日の小さな目標が3つあっても、その気になればすべてを10分以内にさっと終えられます（失敗することは決してありません）。

もしどうしても最初から4つ以上の小さな習慣を同時に始めたいのなら、どうぞそうし

てください。うまくいく可能性も十分にあります。ただ私が心配しているのは、数が多すぎて毎日すべてをこなすのが大変になり、この優れたプランを台無しにしてしまうことです。ひとつひとつはごく簡単なものであっても、毎日すべてをしようと思えば、それなりの意志の力と鍛錬が必要になります。そして、**小さな習慣は95パーセントではなく100パーセントの達成率を目指しています。**もしひとつでも失敗すれば、達成感が得られません。この達成感こそが高い自己肯定感を保つために必要なのです。

小さな習慣の理想的な数や量は、それぞれがあなたにとってどれだけむずかしいかで、おおよそのところが決まります。たいていの人にとって、水を飲むという習慣はフィットネス関連の習慣（いくら小さくしたものであっても）よりも簡単でしょう。車でどこかへ行かなければできない活動は、かなり達成がむずかしくなります。車が利用できるかどうか、どのくらいの距離があるか、などに大きく左右されるからです。私の小さな習慣が簡単だったのは、どこにでもノートパソコンを持って移動できるからでした。以前には、「2日間休暇に出かけるので、その間はきっと書けないだろう」と思っていたものですが、もうそんなことはありません。今では休暇中にも書く習慣を続けられます（みなさんは休暇中にまで？　と思っているのでしょうが、リラックスしたいと思うときには最低限の目標を達成すればよしとしています）。

複数の習慣プランは、**どうしても身につけたい習慣がいくつかある人、**あるいは**一度にひとつの習慣だけでは満足できない人におすすめ**です。

どのプランが自分向きなのかはっきりしないのであれば、１週間の柔軟プランを選び、さしあたって**最も重要と思う小さな習慣をひとつだけ選ぶ**といいでしょう。このステップ1では、自分が本当に望んでいる量を、いくら大きくても遠慮せずに書き留めておいてください（週に5回運動するなど）。

この時点で大切なのは、実際にプランをつくり、最終的な目標を明らかにしておくことです。それは運動に関係したものかもしれません。書く、読む、水を飲む、感謝する、瞑想する、プログラミングのスキルを身につける、といったものかもしれません。目標がはっきりしたら、今度は規模を小さくする作業に移ります。

選んだ習慣を〝ばかばかしいほど小さく〟する

小さなステップに抵抗を感じるのは、世の中では大きく考えることがよしとされ、また、自分のプライドもからんでくるからです。「私なら20回の腕立て伏せだって簡単にできる。1回だけですませるなんてばかばかしい」と思う人もいるでしょう。しかし、この考え方はひとつの力、つまり身体的な力だけしか考えに入れていません。20回の腕立て伏せであれ何であれ、すべての行動にはそれをするための意志の力が必要です。あなたがやる気十分で、エネルギーに満ち、体調もよければ、20回の腕立て伏せをするのにそれほど多くの意志の力を使わないかもしれません。しかし、すでに少し疲れていてあまりやる気になれないときには、意志の力が弱まっているだけでなく、その行動をとることでさらに〝消耗〟します。**目標設定するときに陥りがちな間違いは、自分のモチベーションやエネルギーレベルがどれほど変わりやすいかを考えに入れないこと**です。今の気分や活力が行動を起こすときにも変わらず保たれている、あるいは再び取り戻せると思い込んでいるのです。そのために、(大きな)変化に抵抗する脳との戦いに敗れてしまいます。しかし、**小さな習**

慣を使えば、自分の脳をうまくごまかせます。
私の基本ルールは、身につけたいと思う習慣をばかばかしいと思えるくらいまで小さくする、というものです。何かが〝ばかばかしいほど小さい〟と思えるなら、脳はそれに対して警戒心を持ちません。ほとんどの人がばかばかしいほど小さいと思える習慣の例には、次のようなものがあります。

1日に腕立て伏せ1回だけ？　冗談だろう？

毎日ひとつだけ不要なものを処分する？　くだらない！

1日に50ワード書く？　それじゃあ、いつまでたっても本を出版することなんてできないよ！

小さな習慣を通して学ぶのは、何かの行動に抵抗を感じるときに、**その行動をどんどん小さくするクリエイティブな方法を見つけるスキル**です。今日腕立て伏せを1回することに抵抗を感じるのなら、「腕立て伏せをする体勢に入る」、あるいはもっと簡単に、「床にうつ伏せになる」を目標にしてもかまいません。毎日水を1杯飲むことなら、「グラスに水を満たす」、あるいはもう一段階進めて「水の入ったグラスを手にとる」を目標にしてもいいでしょう。あなたの小さな習慣が1日に50ワード書くことで、それに抵抗を感じているのなら、「パソコンを立ち上げて1ワード書く」でかまいません。あなたの小さな習慣はすでに〝ばかばかしいほど小さい〟のですから、毎回こうしたステップをとる必要はないでしょう。それでも、極端に強い抵抗を感じたときにはこの方法を思い出してください。

小さな習慣に関しては、〝小さすぎる〟は存在しません。もし不安があるのなら、もっと小さい選択肢を試してください。小さな習慣のアイデアが必要であれば、minihabits.comを訪ねてみてください。

小さすぎて失敗するはずがない行動を毎日繰り返す。これが小さな習慣のキーポイントです。

そして、できるだけ小さくするとともに、小さく考えることも同じように重要です。あなたはこの小さな課題を、最終的な目標であるかのように考えなければなりません。そうすれば、いくら小さな課題でもそれを達成できれば、その日はうまくいったと思えます。それができれば、やがては本当に望んでいた〝大きな〟結果を手にできるはずです。

週単位の小さな習慣を取り入れる方法

毎日するのに適していない習慣もあると思います。たとえば運動なら、たいていの人は週に3回から5回で十分だと思うでしょう。週に3回だけ運動したいと思っているのに毎日ジムまで行きたいと思う人なんていませんよね？

週単位でする小さな習慣は、本格的な習慣になるまでもっと時間がかかりますが、それでも続けているうちに脳がそれをパターンとして認識します。ですから、あなたが本当に週単位の小さな習慣を取り入れたいのであれば、うまくいくかどうかぜひ試してみてください。ただ、週単位の習慣を毎日の習慣に変えるいい方法を思いつけるかもしれません。たとえば、週に何回かジムに行きたいのであれば、小さな習慣のハイブリッド版を考えることもできます。

ハイブリッド版は、ふたつの選択肢（AかB）を決めて、そのどちらかを毎日するというものです。これをするにはいくらか意志の力を使うことになるため（決定を下すのにも意志の力は必要なのです）、私はこのハイブリッド習慣がそれほど好きではないのですが、場合によっては優れた方法になります。そして、毎日何かをしなければならないという点はいいと思います。

ハイブリッド版の小さな習慣の例を挙げてみましょう。

・ジムへ行く、または1曲分ダンスをする。
・ジムへ行く、または腕立て伏せを1回する。
・ジムへ行く、または1分だけジョギングする。

このようにすれば、ジムへ行かない日にもそれに代わる活動ができます。「毎日、簡単なほうの活動を選んでしまうのでは」と、不安になりますか？　心配はいりません。まず、あなたは義務づけるわけでもないのに自分が大変そうな活動のほうを選んでいると気づいて、驚くと思います。賢い方法で自分に選択の自由を与えると、自分のためになる活動をしようと思う力が生まれます。それに、そもそもあなたは体力づくりがしたいのです。また、ここでの小さな習慣はジムまで行くというものです。そうしたければ、ただジムまで行ってまっすぐ家に帰ってきてもいいのです。ばかげた話に聞こえるかもしれませんが、45分の運動があなたにとって大きな挑戦で、ときには尻込みしたくなってしまうのなら、**逃げ道を用意しておくのは重要**です。あなたの潜在意識の脳は、紙の上に書かれた目標が本当の目標ではないとわかっています。そして、大きすぎる課題を自分に強いてしまうと、ゆっくりとした変化しか受け入れられない脳が抵抗を示します。

ハイブリッド版の小さな習慣を選ぶ場合は、**最初はいっさい条件をつけない**ほうがいいでしょう。そして、週に何回ジムへ行ったかをチェックしてみて、もしジムに行くほうをまったく選んでいないようなら、週に1日は必ずジムに行くという目標から始めるようにします。あとから週に2日、3日へと回数を増やしていけばいいのですから。ただし、この**ステップアップには十分に時間をかけて**ください。変化を急いではいけません。脳はすばやい変化には適応できませんし、そうしようともしないからです。いずれにしても変化には時間がかかりますから、少しずつ自分をなじませるのが最も理にかなった方法です。

それではここで、あなたの小さな習慣リストを見て、次の点をチェックしてください。

・小さな習慣プランができましたか？　柔軟プラン、単独プラン、複数プランのどれにするか選びましたか？
・あなたの小さな習慣は〝ばかばかしいほど小さい〟ですか？　声に出して読んでみてください。自分で笑えるようなら合格です。
・すべてを紙に書き留めましたか？　ただのメモ用紙でもかまいません。

すべてクリアできていたら、ステップ2に移りましょう。

ステップ2 「なぜドリル」を使う

誰でも健康なほうがいいと思うのは当然ですが、もっと健康な生活を送れるように何かの活動を自分に義務づけようと思う人ばかりではありません。ファストフードを食べ、一日中映画を観るという行動からも得るものはあります。もしあなたの問題が、**何かをしたいのに、それを始められずにいることなら、これはあなたのための本**です。

自分の選ぶ習慣が努力に値するかどうかを知るいちばんの方法は、**なぜその習慣を選ぶのか、その理由を明らかにする**ことです。優れた習慣のアイデアは、あなたの人生観にその源をたどることができます。私たちは仲間からのプレッシャーや他人の期待をもとに、取り入れる習慣を考えたりはしません。もし誰か他人の意見、あるいは世の中の風潮に合わせるために自分を変えようとしているのなら、何が起こるかは目に見えていますが、いずれにしても言葉にしておきましょう。あなたは脳からの大きな抵抗にあいます。

自分への問いかけのために「なぜドリル」を使う

ドリルには「掘り下げる」という意味があります。それがドリルの役割です。そして、私が次のものを「なぜドリル」と呼ぶ理由は、シンプルな「なぜ？」の問いかけが、何であれ物事の核心まで掘り下げる優れた方法になるからです。

取り組もうと思っている習慣をリストにしたら、なぜそれを望んでいるのかを考えてください。ただし、それで終わりにはしないように。もう一度、なぜ、と問いかけてください。**ぐるっとひと回りして最初の質問に戻ってくるまで問い続ける**のです。それが核心までたどり着いたことを意味します。このドリルを役立てるには正直に答えることが絶対条件です。だから、本当に深いところまで掘り進めてください。それぞれの問いにはふたつ以上の答えがあるかもしれません。そのときには、最も関係が深いと思う理由を選びます。私が自分への問いかけで見つけた本当に正直な答えの例をふたつ挙げておきましょう。ひとつは習慣として優れたもので、もうひとつはかなり疑わしいものです。


私は毎日何かを書きたい。

なぜ？

　書くことに情熱を注ぎたいから。

なぜ？

それが自分を表現し、ストーリーを語るための、私がいちばん好きな手段だから。

私は書くことを通じて人とつながり、人の役に立てると思っている。そのプロセスを楽しんでもいる。

それがなぜ重要なのか？

私に生きがいを与え、幸せな気分にしてくれるから。

なぜ？

私は書くことが自分の人生にとって間違いなく価値ある宝物だと思っているから。

次の例は――

私は毎朝6時に起きたい。

なぜ？

成功している人たちがよくそうしているから。それに、寝坊をするとばつの悪い思いをするから。

なぜ？

夜更かしをして朝遅くまで寝ていると、社会一般からも、私が知る何人かの人たちからも軽蔑されそうだから。


2番目の例では、変化を望む大きな理由は、外からのプレッシャーだとわかると思います。朝6時に起きると、爽快な気分になれるのは確かです。早起きと寝坊についての自分の先入観のために、早起きすると成功した気分になり、罪の意識を感じずにすみます。これは無駄な習慣ではありませんが、書くことのように自分にとって本当に重要な目標と比べれば（私は今も夜遅くまで起きて、この文章を書いています）、優先順位は低くなります。夜更かしをしてでも何かを書くことで、私は自分の価値観に忠実でいられるのです。たとえ世の中の考えとは違っても。世の中があなたの考えに同意しなくても、それはかまいません。自分に合わないライフスタイルを押しつけないようにしましょう。

ステップ3 行動開始の合図を決める

小さな習慣の行動開始の合図で一般的なのは、時間ベースのものと行動ベースのものです。時間ベースの場合には、たとえば「私は月・水・金の午後3時にジムで運動する」と決めます。行動ベースなら、「月・水・金の昼食を食べ終わってから30分後に、ジムへ運動しに行く」と決めます。

9時から午後5時までの仕事で、規則正しい生活を送っている人なら、時間ベースの合図が適しているでしょう。仕事のスケジュールが柔軟な人は、行動ベースの合図を選ぶほうが、確実に習慣をこなせて、スケジュールも柔軟に保てます。どちらの開始合図を使うかは、あなたの（望む）ライフスタイル次第です。

時間ベースのスケジュールは厳格で、あいまいなところがありません（例：午後4時ちょうどに始める）。これによって、**課題を確実にこなし、自制心を鍛えていく**ことができます。この方法の**欠点は柔軟性に欠ける**ところで、たとえば小さな習慣を実行する午後4時になってみたら、頭痛に悩まされているかもしれません。人生はスケジュールどおりにはいかないものです。そして、一度合図を見逃して課題をこなすのが遅れると、達成感と罪の意識の間でどっちつかずの奇妙な状況に陥ります。

行動ベースのプランはもっと柔軟ですが、そのために**少しあいまい**な部分も出てきます。**不規則な生活に一定の規律を持ち込める**ところはいいのですが、このプランの落とし穴は、ひとつの行動がいつ終わり、次の行動がいつ始まるのかを正確に知りづらいところです。たとえば、レストランで昼食をとったあとに何かを書くという習慣を始めるのであれば、書く前に郵便物をチェックしてもいいのでしょうか？　まっすぐパソコンに向かわなければならないのでしょうか？　「そんなことはたいして重要ではない」と、あなたは思うかもしれません。でも、実はこれが重要なのです。なぜなら、小さな習慣がそうであるように、ほんの少しと思って始めた行動が、やすやすと大がかりな行動に発展していくからです。たとえば、自分のデスクの整理を本格的に始めてしまい、突然、「そういえば、何か書かなければならないんだった」と思い出すかもしれません。小さなステップは私たちにスタート時点の抵抗を克服させ、目標に向けて走り出す勢いを与えてくれます。しかし、逆もまたしかりです。いったん小さな譲歩を許してしまえば、それがすぐに自分の意図に反して、大きく成長してしまうでしょう。

時間ベースにするか、行動ベースにするかは、それほど重要ではありません。どちらもうまく機能します。重要なのは、**あなたが自分で選ぶ**こと、そして、**真剣に選ぶ**ことです。ここでどちらにするかを決断しないのは大きな過ちですが、決定する前に、もうひとつあなたを驚かせる選択肢があります。それは、私の現在の小さな習慣の中でも、とくに気に入っているものです。

行動開始の合図を限定しない「フリースタイルの小さな習慣プラン」

これまでの習慣形成についての本は、研究結果をもとにした「合図―行動―報酬」の流れを説明し、そこから導き出される明らかな習慣化のステップを紹介しています。つまり、合図を受け、行動し、報酬を受け取るというものです。しかし、あなたの取り入れたい習慣が「いろいろなことをもっとポジティブに考える」のような抽象的なものだとしたらどうでしょう？　決まった時間ではなく、一日のいろいろな時間に試したい行動だとしたら？　小さな習慣はここで新たな可能性の扉を開きます。それは、**「感謝する」のような日頃の習慣を柔軟なスケジュールで取り入れる方法**です。

小さな習慣は、自由、自主性、柔軟性が鍵となります。あなたが自分で決め、つねに成功をつかめるようにするのが目的です。この自由ベースのプランは、特定の開始合図を決めず、**24時間以内という期限を設けて課題をこなす**もので、幅広い習慣への応用が可能です。

悪い習慣を始める合図はいくらでもあるのに対し、よい習慣はひとつの決まった合図で始めるのがいいとされているようです。悪い習慣を改めるのがこれほどむずかしいのももっともでしょう。悪い習慣は生活の中のさまざまな合図に反応し、どんどん根を伸ばしていきます。さまざまな状況で繰り返されるうちに、自然に成長していきます。それに対してよい習慣は、「ひとつの合図─行動─報酬」の公式に従って人工的に成長します。開始合図をひとつだけにすると、その行動をもっと意識するようになるというのは本当です。

たとえば、もし毎日午後2時に何か楽しいことをふたつ考えるのだとしたら、おそらく一日のほかの時間にも楽しいことについて考えているでしょう。そのため、毎日午後2時にそうするように習慣づけることは、(その人の性格にもよりますが) 強制されているようで窮屈に感じます。それに、決まった時間に何かをすることに決めれば、それ以外の時間にするのは間違っているように感じてしまいます。朝の時間帯にものを書くことを習慣にした人の多くは、一日のそれ以外の時間にはまったく書かなくなるでしょう。私がものを書くときには、一日の決まった時間に限定せず、その日のスケジュールに照らして最も都合のいい時間を選ぶようにしています。

特定の合図に従うと、意志の力への負担が増すという問題も生じます。今日中であればいつ走ってもいいというのが、柔軟なスケジュールです。午後3時に走らなければならないのなら、それは柔軟性に欠けるスケジュールです。決まった時間に課題を実行しなければならないというプレッシャーを加えると、意志の力の消耗を招きます。これまでの習慣づくりの方法は、この時間厳守の合図と大きな課題を組み合わせることで、達成をむずかしくしていました。小さな習慣なら、実行する課題自体が小さなものなので、〝合図を受けて〟行動する場合であっても、それに求められる意志の力はほんの少しですみます。そのため、小さな習慣は通常サイズの習慣よりも、現在主流の「合図─行動─報酬」モデルに適しているといえます。

(注意：私は合図を決めずにおく方法がいつも優れているると言っているわけではありません。人によっては、また習慣によっては、合図を決めないほうがいいと言いたいのです。どちらがいいかは習慣ごとに個別に決めていくべきです)

フリースタイルの小さな習慣とは、行動開始の合図が複数ある習慣を意味します。たいていの人はすでに毎日、さまざまな合図をきっかけに、食べる、楽しむ、ネットサーフィンに没頭するなどの行動をとっています。そう考えると、優れた習慣を始めるための合図も限定しないほうが魅力的にも思えます。

合図をひとつだけ決めて行動するのは、人付き合いや自主性を犠牲にするおそれもあります。ところが、現在有力な習慣形成の理論では、合図をひとつにすることが何かを習慣にするための唯一確実な方法とされています。複数の合図があると、それだけ意志の力も必要になり、また、それぞれの合図に対して個別に習慣を育てていかなければならないため、完全な習慣になるまでの時間が引き延ばされます。この点で、小さな習慣はこれまでのゲームのルールをくつがえす方法になりました。

フリースタイルの小さな習慣は、一日に一度だけ、あいている時間に小さな課題をこなします。ただし、私は**期限として午前零時を設定するのはすすめません**。これもまた柔軟性に欠けたスケジュールになってしまうからです。それよりも、**就寝時間を一日の終わりとみなす**のがいいでしょう。これによって、小さな習慣を一日の終わりぎりぎりに滑り込ませることもできますから、成功の確率がずっと増すはずです。ぎりぎり、という言葉はあまりよくありませんが、小さな習慣の初期段階の目標を達成するにはこれが大いに役立ちます。つまり、自分はつねに成功していると思えることが、自己肯定感を高めていくのです。

私は「腕立て伏せ1回チャレンジ」を数カ月続けました。最初のうちは、（課題を終える期限の）就寝する間際になって、まだやっていなかったことを思い出し、ぎりぎりの夕イミングでこなすことがよくありました。これは、昼間のうちにスケジュールを組み込めなかったわけですから、自己管理が不十分だった証拠です。それでも、課題をクリアできなかったとがっかりしてベッドに入る代わりに、勝利を手にして眠りにつくことができました（通常は、目標よりも多くの回数をこなしました）。勝者の気分で眠りにつくと、とくにそれが何日も続けば、もっと上を目指したいという気持ちが芽生えてきます。**「成功が成功を生む」**という言葉はあなたも聞いたことがあるでしょう。それは本当です。成功している人は落ち込んでいる人よりもよく働きます。それは、彼らがすでに成功しているからです。成功が情熱を生み、行動の原動力になるのです。小さな習慣が与える効果もこれと同じで、達成感を得られると、もっと成功したいという気持ちになります。私はこれを、この本と小さな習慣のもとになったアイデアの考案者としてだけ言っているわけではありません。これは、最初の実験台となった者からの言葉でもあります。私はほかの習慣づくりの方法もたくさん試してみました。そして、小さな習慣がこれまでに試したどの方法にも勝ることを、身をもって経験しました。

腕立て伏せ1回の習慣に話を戻しましょう。「残り時間ぎりぎりで勝利をつかむ」日々が続いたあとで、私はもっといいやり方があるのではないか、と思うようになりました。

そこで、一日のもっと早い時間に腕立て伏せをするようにしました。始めるタイミング（合図）はばらばらです。就寝直前に最低限の目標だけクリアして満足していたのは、このためでした。就寝前と決めておけば、自己管理能力を養うことにつながります。でも、**本当の自己管理**というのは、誰かに腕立て伏せをするように命令してもらうのではなく、**自分でいつするかを決められるようになること**です。自己による管理なのですから。

読む、書く、運動する、という小さな習慣を続けることに関しては大きな成功を収めましたが、私はなぜだか自分が不正をしているように感じました。私には「習慣を始める合図」がなかったからです。人気の習慣形成についての本はどれも、開始合図について書いていました。科学的にも合図は欠かせないとされています。私にあるのは毎日の課題と、毎週の運動メニューだけです。合図を決めないことが、多くの人が習慣を身につけるのに失敗している理由なのでしょうが、それでも私は大いに成功していました。なぜでしょう？

最初に気づいたのは、習慣形成についての研究はどれも、意志の力をたくさん使う目標を対象にしているということでした。たとえば、朝6時にランニングをする、毎日１００回腕立て伏せをする、決まったトレーニングメニューをこなす、といった目標です。小さな習慣はこうした大きな目標とは異なるため、ルールにも違いが生まれます。

小さな習慣は、開始の合図がなくても大丈夫

小さな習慣はもちろん、就寝前の時間に組み込むことができます（ひとつの習慣に1分程度しかかかりません）。そして、この**毎晩の小さな習慣を達成できたかどうかのチェックも、ひとつの習慣**になっていきます。それは本当にすばらしいと思います。自分の生活がうまくいっているかどうかを、つねに意識できるのですから。「今日も小さな習慣をこなせただろうか？　できた？　すばらしい！　さあ、いい気持ちで眠ろう！」と思えるわけです。

それでは、開始合図なしで始める〝小さすぎて失敗する心配のない〟習慣を持つと、何が起こるでしょうか？　習慣開始の合図がいくつも生まれます。これは本当に興奮を覚える経験になるでしょう。私はとくに朝の日課をこなすのが好きなので、この時間帯に何かひとつ小さな習慣を取り入れてもいいのですが、書く習慣については時間を決めなかった

のが正解でした。私にとって書くことは、悪い習慣と似たところがあります。書き始めるための合図はあるのですが（何かを食べたあとに書くことが多いと気づきました）、合図がいくつもあるために、気の向いたときに自由に取り組んでいるように感じます。

でも、ちょっと待ってください。もし単独の合図で始める習慣を定着させるのにさえ数カ月かかるのだとしたら、複数の合図で始める習慣なら数年はかかってしまうのでは？

いいえ、小さな習慣ならその心配はいりません。小さな習慣はどれもささいで簡単なものばかりです。それに、習慣形成にかかる時間についての前述の研究を思い出してください。その結論は、習慣化されるまでにかかる時間を決める大きな要因は、その行動のむずかしさでした。つまり、小さな習慣は通常サイズの習慣よりも早く習慣化されるということです。もちろん、そこには注意すべき落とし穴もあります。50ワードの文章を書くことを目標にして、やがて毎日2000ワード書くようになれば、2000ワード書くことが習慣になるまでにはもっと時間がかかります。そして、そのレベルにまで達してから続けるのがむずかしくなれば、それは大きな「問題」になってしまいますよね？　それに、特定の開始合図を持たない習慣は、あなたの脳がそれを習慣化するのに長い時間がかかるのです。

したがって、もしあなたが10の習慣をできるだけ早く自分の生活に加えたいと思っているのなら、**特定の開始合図を設けるのが近道**になるはずです。一方で、あなたがもっと柔軟に何かの習慣を自分の生活の中に取り入れたいと思い、私の書くことのように柔軟なスケジュールにしたいと思うのなら、それをフリースタイルの小さな習慣にするといいでしょう。

フリースタイルの小さな習慣についての私自身の経験

朝にだけ書くという人は実際にいます。私は一日のどの時間にも書いています。書くことは私にとってライフスタイルの一部ともいえる習慣に育ちました。その私に今、何が起こっているか想像できますか？　私はテレビを見ていると、何か書きたくなってきます（まったくおかしな現象です）。しかし、誰かと一緒に見ているときには、この衝動に襲われることはありません。シナリオが変わるからです。私はその時々の状況にごく自然に合わせることができます。友人がわが家に何日か滞在するときには、あまりたくさん書きません。それが私の望む生活の仕方です。もしそれで、書く分量が少なすぎるとたびたび感じるようになったら、その状況に何らかの形で対処していくと思います。

この方法は、悪い習慣を改めるときにも役立つはずです。愚かな悪習慣は気づかないうちに根を張り、あらゆる場所にその根を伸ばしていきます。あなたはたばこを吸う98の合図、ユーチューブ動画を見る53の合図、ネットサーフィンを夢中で続ける194の合図を見つけるようになります。小さな習慣もこれと同じように〝野放し〟に成長させることは可能です。栄養分を得ようと競い合う植物のように、あなたのよい習慣は悪い習慣を根絶やしにできるかもしれません。私にとっては、書くこととテレビを見ることが競い合っています。これは特定の合図で始める習慣ではあまり起こりそうもないことです。そうした習慣はただひとつの合図だけと結びついているからです。誤解してほしくないのですが、単独合図で始める習慣も揺るぎない習慣になりえます。ただし、悪い習慣と同じ合図を共有しているのでないかぎり、競い合うことはありません。

ひとこと注意を。**どの習慣を野放しに〝成長させるか〟は意識的に選んだほうがいい**でしょう。たとえば、仕事中毒でリラックスできない人もいます。仕事をするのがすでに個性の一部になっているために、引退しても、とまどうか退屈になるだけです。彼らは働きたいのです。私はものを書きたいと思い、人生の残りはできるだけたくさんものを書いて過ごすと決めました。そのため、書く習慣を自分自身のアイデンティティの一部にしたいと思っています（読むことと運動についても同じです）。しかし、入浴については同じレベルの習慣としては考えられません（一日に一度で十分の習慣です）。そのため、ベッドを出たときを開始合図として、一日に1回だけシャワーを浴びる習慣のほうを好みます。睡眠や食事のスケジュールについても、自分の体内時計に組み込んで、リズムを築いていくのがいちばんだと思います。

もしあなたが**何かの習慣を自分の生活の一部にしたいと思うなら、その小さな習慣には特定の開始合図を設けないほうがいい**でしょう。たとえば、ポジティブに考える、書く、感謝する、運動する、活動的に過ごす、他の人を思いやる、ミニマリスト生活を送る、などを目標にするときです。こうした習慣は、その夜眠りにつく時間を期限に、毎日必ずするように自分に義務づけるといいでしょう。

一方で、もし何かの習慣を生活の中の決まった場所に組み入れたいと思うなら、そのための特別な開始合図を設けるのがいいでしょう。たとえば、特定の曜日に運動する、就寝前に読書する、朝ものを書く、といった種類の習慣です。規則正しい生活を好む人なら、特定の合図に従うほうを選ぶでしょう。すべては優先順位次第です。自由に始める習慣と合図に従って始める習慣の組み合わせを選ぶこともできます。

小さな習慣を始める瞬間の意志決定

フリースタイルの小さな習慣を選ぶときにはとくに、意志決定のプロセスを理解しておくと、いちばん必要とするときにその習慣を始められるようになります。

人が何かを決断するときの心の状態はふたつの段階からなります。最初に、選択肢をはかりにかけます。この状態は「熟考的マインドセット」と呼ばれます。次にその行動をとることを自分に誓います。この状態は「実践的マインドセット」と呼ばれます。

目標は、熟考段階で行き詰まることなく、実践的マインドセットに移ることです。開始合図を決めるプランが有利な点のひとつとして、熟考プロセスを飛ばしてすばやく実践的マインドセットに移行しやすくなる点が挙げられます。これは非常に魅力的です。合図は「実行意図」と呼ばれるものの鍵となる要素です。**「実行意図」とは、何をいつ、どのようにおこなうかを前もって正確に決めておくこと**です。この手順が目標達成の成功率を高めることがわかっています。合図で始める小さな習慣なら、大きな決意は必要としませんから、ますます成功の見込みは高くなるはずです。小さいために〝頭を使う〟必要もないからです。

もっとも、**小さな習慣は合図なしでも機能**します。行動の規模が小さいため、他の行動との競争では一歩先んじます。そのため、合図なしで熟考のプロセスを始める必要はあるものの、1回腕立て伏せをするとか、50ワード書くとかであれば、それをするかどうか決める段階で行き詰まることもないでしょう。簡単すぎて、むずかしく考えること自体が無理なのです。もし自分が行き詰まっていると感じたら、自分に与えた課題がどれほどちっぽけなものかを思い出してください。

さて、それではここで、あなたが選んだ**小さな習慣のそれぞれに、特定の開始合図を書き込んで**ください。私はすべての小さな習慣を、「一日の好きな時間にする」の分類に入れています。これは物事をシンプルに保つ方法です。

ステップ4 報酬プランを考える

あなたが仮釈放を希望している受刑者だと想像してみてください。あなたの仮釈放の是非を決める公聴会に最適なのはいつだと思いますか? 答えをお教えしましょう。それは、仮釈放の決定を下す判事が食事休憩をとった直後です。ある研究で、判事は食事休憩をとった直後には、受刑者に好意的な審判を下すという結果が出ました(おそらく、相手の言葉をもっと聞こうという気になるからでしょう)。仮釈放の承認率のグラフを見てみると、食事休憩のあとには明らかに承認率が高くなっています。仮釈放の決定のようなむずかしい決断を下すのは、自我消耗をまねく行動のひとつで、意志の力と同じエネルギーを使っています。そして、食事にはエネルギーを回復させる報酬としての価値があると証明されています。

もしあなたが泥の中に顔を突っ込んでそれを食べるという新しい習慣を身につけるとしたら、何が起こるでしょうか?(この習慣を身につけたかったのだと仮定します)。あなたは泥を食べることができません。理由は明らかです。いったい誰がそんなことをしたいと思うでしょうか。でも、これを人間の脳の仕組みから科学的に説明するなら、その理由は、脳が「その見返りはどこにある?」と問いかけるからです。脳は泥を食べるという行動に結びつく報酬を見つけられません。泥を食べるなんて、報酬よりは罰に近いでしょう。そのため、あなたの脳はこの行動をとることを断固として拒みます。

もしあなたがスポーツをしないのであれば、運動をするのは重い足かせのように感じられるかもしれません。たいていの人はぐるぐる同じ場所を走ったり、踏み台を昇り降りしたりするのは好みません。ジムで重い器具を押し引きしたり、持ち上げたりしたいとは思いません。感じるのは不快感だけです。

私の経験から言うなら、自分が情けない体型をしているときにはジムへ行くのが3倍は不快に感じます。筋肉が「おい、おれたちは今まで眠っていたんだぞ!」と文句を言っているような気がしてきます。つらいトレーニングを終えて家に帰り、鏡を見ても、あなたが得る褒美は……汗だけ? この時点で、あなたの脳はおそらく、いったいどこに見返りがあるのか、とあなたを問い詰めてくるでしょう。

運動が脳に与える自然の報酬もあるにはあるのです。無酸素運動をすると、脳は快楽ホルモンのエンドルフィンを放出します。「ランナーズハイ」と呼ばれている状態がこれに当たります。面白いことに、重量挙げもエンドルフィンを分泌させますが、バーベルが重くてつらいときだけにかぎります。軽度から中度の力でできるリフティングではエンドルフィンが分泌されません。体が無酸素状態に切り替わらないからです。私が気に入っているのは、作家のトム・シェーヴェの次の説明です。

「体が有酸素状態から無酸素状態へ移行すると、突然、酸素を求めて必死になっている筋肉と細胞を、十分な酸素を与えなくても満足させられるようになる。このときに起こるのが〝ランナーズハイ〟だ」

無酸素状態の体を、休暇シーズンでにぎわうどこかのお店だと思ってみてください。体は通常期のペースを守ることができず、増える需要に応えるために別モードに入らなければなりません。

エンドルフィンは脳に与える自然の報酬としてはすばらしいのですが、とくに最初のうちは、人によっては十分な報酬にならないかもしれません。運動はちょっとした罰のようにも感じられるので、あなたの脳はもっと大きな見返りが欲しいと思うでしょう。軍隊で厳しい運動を罰として使っているのには理由があるのです。

運動は割れた腹筋、爽快感、そして健康になるという、すばらしい褒美を与えてくれますが、それはすぐに手に入るものではありません。その間、あなたの脳は「今、ケーキが欲しい！」と叫んでいます。**ケーキは感覚への（一次的な）報酬**となり、糖分が味覚を刺激し、脳内の報酬中枢を活性化させます。ところが**運動が与えるのは、**引き締まった体でビーチを歩ける、自分の努力に満足できるなど、**高度な思考レベルの抽象的な（二次的な）報酬**です。ご想像どおり、二次的な報酬は脳の中に〝根づく〟までに時間がかかります。

まずは自分の脳に褒美を与える

運動を始めたばかりのころは、放出されるエンドルフィンと最終的に得られる結果の見通しだけでは、脳にとって十分な報酬になりません。あなたには脳を納得させるための助けが必要になります。そして、都合のいいことに、習慣づくりのゲームではフェアプレイにこだわる必要はありません。その行動にまったく無関係の報酬を付け加えられるのです。しばらくすると、脳はその行動と報酬を結びつけます。それこそが私たちの狙いです。もっと時間が経つと、脳がその（付け足しの）報酬を必要としなくなるときがやってきます。

あなたは、なぜこれほど多くの食品に砂糖が使われているのだろうと疑問に思ったことはありませんか？　それは、砂糖が軽度から適度の中毒症状を引き起こすからかもしれません。脳に報酬を与えるものはほとんど何でも中毒を起こす可能性があります。過度に糖分をとるのは健康によくありませんが、重要な習慣を続けるために少量の糖分をとるのなら、それだけのカロリーを摂取する価値があるかもしれません。ここでは適度な量というのがポイントです。

私が**自分の脳に褒美を与えるクリエイティブな方法**として気に入っているのは、**笑いの要素を加える**ことで、それで脳内に快楽物質が放出されます。時々、書くことを終えたあとに、ユーチューブでバッド・リップ・リーディングというチャンネルの動画（＊訳注：映像に実際の音声とはまったく関係のない新しい吹き替えをつけたユーモラスな動画）を見て笑っています。今度あなたが笑えるユーチューブ動画を見ているところへ誰かがやってきたら、冗談まじりに「今、脳を鍛えているところ」と言ってみてください。これは立派な科学なのです。

習慣づくりを、子どもに自転車の乗り方を教えるようなものと考えてみてください。最初は、押さえていてあげるから、と子どもを安心させて、ペダルを踏ませます。そして、どこかの時点であなたは手を放しますが、子どもは自分の力で走りだします。これと同じように、最初のうちは運動のあと、脳に付け足しの褒美を与えておきますが、やがて**脳は満足感とエンドルフィンだけでも十分だと感じ、その行動を続けられる**ようになります。脳はこうした二次的な報酬の価値を学び、多くの面でそれが糖分たっぷりの褒美より好ましく効果も大きいと気づくのですが、それには時間がかかります。

感覚への（一次的な）報酬は、それを経験している間だけしか効果が持続しません。しかし、自分がたくましい体型になったこと、あるいは何かポジティブな習慣を98日間続けられたという満足感は、ずっと消えずに残ります。今、私は自分のこれまでの達成を確認できるチェックマークで埋まった巨大な壁かけカレンダーを見ています。成果を目にして快感に浸るというのは見え透いた方法に思えるでしょうが、私の脳はこうしたチェックのひとつひとつが何を意味するのかをちゃんとわかっています。実際に、ある研究によれば、自分の生活にもっと満足し、幸せになりたいのなら、勝利を祝うのが何より効果的な方法になるそうです。この指摘は、ささやかな毎日の勝利を祝う小さな習慣のやり方が正しいことを証明しています。

満足感がさらなる成功を呼び込む

すべてが報酬と引き換えというわけではありません。充実した生活を送れるのはうれしいことで、優れた習慣を身につけていくと満足感が得られます。つまり、運動を続けていけば、数週間後に鏡に映る自分を見たときに、どれだけ変わったかを確認できるのです。もし書くことを習慣にするのであれば、ワード数が増えたときに自分を褒めてください。そして、たとえ最低限の目標を達成しただけであっても、あなたが**身につけようとしている習慣はもっと多くのことの基礎になる**のだと考えてください。

とはいえ、報酬も大事です。もしあなたがフリースタイルの習慣を選んだのなら、行動を起こしたあとに、あるいは自分がどう感じているかを意識し、必要と思うときに**自分に褒美を与えてください**。小さな習慣は従来の方法よりも大きな満足感（二次的報酬）を得られます。もし大きな達成で気分よくなれるのであれば、その95パーセントがおまけで加えた分だとわかれば、もっといい気分になれるでしょう。それでも、おまけでたくさんこなせたときには、もっと続けられるように自分に褒美を与えるのがいいかもしれません。

満足感のような抽象的な報酬は、心の状態に大きな影響を与えます。小さな成功を祝うように私がすすめるのもそのためです。私たちはみな、結果を出して成功を味わうのが好きですから、**成功がさらなる成功を呼び込みます。**遅れてやってくる満足を楽しむことも学んでください。あとでもっと大きな褒美を得られると思うと、目先の小さな報酬に飛びつきたい誘惑を克服できる場合が多いのです。練習を積み、あとからやってくる満足を経験するほど、それを求める気持ちが強くなります。

私は、報酬を待つ間も気分よく過ごすことを自分のルールにしています。燃えつき状態に近づいているときにはそうとわかるので、そのときに自分への褒美として休憩をとるようにしています。

報酬は意志の力を回復させる

報酬は特定の行動を繰り返す励みになりますが、意志の力を回復させる効果もあると知っていましたか？　認知科学者のアート・マークマンはこう言っています。「デザートがたくさん並んだビュッフェテーブルの前に立ったら、友人を探し出して楽しい会話をするといい」。

どういう意味なのでしょう？　なんだか謎解きの問題のように思えてきますが、どんな種類の報酬にも、意志の力を回復させる効果があるのかもしれません。

ロイ・バウマイスター教授の「自我消耗」のコンセプトに基づいて実施された複数の研究で、血糖値を上げると自我消耗を克服できると結論づけられました。しかし、もうひとつ、意志の力を回復する別の理論を証明したいと考える科学者たちもいました。それが報酬の働きです。彼らは、**意志の力を回復させるのは糖分という報酬**なのではないかと考えました。糖分は脳の報酬中枢を活性化させることがわかっています。

この実験では、被験者はまず、意志の力を消耗させる運動をおこないます。次に、片方のグループが人工甘味料入りの溶液を口に含んでから吐き出します（人工甘味料は脳の報酬中枢を活性化させません）。もう一方のグループは砂糖入りの溶液を口に含んでから吐き出します（こちらは味蕾《みらい》に触れると報酬中枢を活性化させます）。結果は、人工甘味料を口にした人たちには自我消耗の改善は見られませんでしたが、砂糖を口にした人たちには改善が見られました（つまり、彼らの意志の力は通常レベルにまで回復しました）。血糖値は回復しないのに意志の力は回復したので、少なくともこの意志の力の回復の一部は、脳に報酬を与えることで達成されたように思われます。これは減量したいと思っている人には朗報です。食べ物以外の報酬が意志の力の回復に効果があるという意味なのですから。

つまり、マークマンの「友人を探し出して楽しい会話をするといい」という言葉は、脳への報酬で意志の力を回復するように言っていたのです。そうすれば、チョコレートやチーズケーキの誘惑に打ち勝つ可能性が増すでしょう（あくまでも「可能性が増す」のであって、絶対ではありません）。このように、意志の力は悪習慣を避ける方法と結びつけられることが多いのですが、私たちはよい習慣を自分に強いるためにも意志の力を使っています。**報酬はさらなる行動をとらせるとともに意志の力を回復させるので、小さな習慣を続ける助け**になるといえます。

ステップ5 すべてを書き留めておく

何かをすぐに書き留めておくと、頭の中にあるさまざまな考えの上位に位置づけることができます。ある研究で、すべての考えは（ポジティブなものもネガティブなものも）、紙に書くことで意識の中での重要性が高まるとわかりました。不思議なことに、パソコンに打ち込んでもこれと同じ効果は得られません。**ひとつのアイデアを膨らませるには手書きをする**必要があるのです。

ここで、習慣づくりの進行状況をチェックする方法として、私が実際に使っている手書きをするアナログの方法とスマホなどを使うデジタルの方法をご紹介します。どちらの方法を選ぶにしても、**毎日就寝する前に結果を確認**することが重要です。一日の早い時間にチェックすると、「もっとやろう」というモチベーションを弱めてしまうかもしれませんが、寝る前に確認するとやり忘れもなくなるので、効果的な方法といえます。

大きなカレンダーに書く

これは、私が自分の小さな習慣をチェックするために使っている方法です。私は部屋の壁に大きなカレンダーをかけています。その近くのホワイトボードに小さな習慣を書き出してあり、**達成できると毎日カレンダー上にチェック**を入れていきます。これは毎日おこないますが、週に3回のジム通いは除きます。ジムに行く日は、カレンダーのそれぞれの日付の枠の左下にメモしてあります。そして、実際に行った日には、土曜日（週の最終日）の枠の右上に、小さなチェックマークを書き入れます。そうすれば、その角を見ると、その週は（それ以前の週でも）何回ジムに行ったかがすぐにわかります。とてもシンプルですが、効果的な方法です。うまくいった日にチェックを入れるのは、小さな習慣を始めて何カ月経ってもいい気分です！

もしあなたが、ジムに行くか腕立て伏せをするかのハイブリッド版を選んだのなら、ジムなら「G」、腕立て伏せ（プッシュアップ）なら「P」の文字を書き入れてもいいでしょう。そうすれば、あとから見返したときに、どちらを何回選んだかもわかります。

もうひとつの選択肢は、「ひとめでわかる」年間カレンダーで、ただ日付にチェックを入れていくものです。安上がりの方法として、インターネット上で見つかる無料のカレンダーをたくさん印刷するのもいいでしょう（Gメールのカレンダーをプリントアウトしてもかまいません）。手書きでチェックマークを入れると、デジタル機器を使うよりも達成感がより現実のものとして感じられます。さらに、**カレンダーを頻繁に目に入る場所に掲**

げておくと、つねに自分の小さな習慣、その進行状況と成果を意識するようにもなります。この効果は絶大です。

ジェリー・サインフェルド（アメリカの俳優、コメディアン）は小さな習慣のパイオニアと呼べるかもしれません。有名な話ですが、彼はジョークのネタづくりができた日に大きな「X」を自分のカレンダーに書き込んでいました。習慣づくりとジョークのスキルの向上には、毎日の成果を目に見える形にすることが重要だとわかっていたのでしょう。

彼はある日、ショーが始まる前にこのネタづくりの秘密を若手コメディアンのブラッド・アイザックに打ち明けました。ブラッドはサインフェルドの言葉を「ライフハッカー」（＊訳注：おもに生活術、仕事術に関する情報を紹介するウェブメディア）に投稿しました。

「数日後には（Xの）鎖《チェーン》ができる。ただ続けていくだけでチェーンは毎日長くなっていく。そして、そのチェーンを見るのがだんだんうれしくなってくる。数週間分の長さになれば格別な気分だ。次の目標は、そのチェーンをとぎれさせないことになる」

この言葉は、小さな習慣を実にうまくまとめてくれています。私たちはチェーンをとぎれさせたくないのです。そして、そのチェーンをとぎれさせる唯一の言い訳は、忘れてしまったというものです。なぜなら、小さな習慣は「失敗することなどありえない」のですから。しかし、忘れるというのはなんともひどい言い訳です。だって、すぐ目に入る場所にカレンダーが貼ってあり、毎晩ベッドに入る前に「今日は小さな習慣をやっただろうか？」と確認できるのですから。一度始めてみれば、小さな習慣は数週間もすればやめてしまう一時的なマイブームではなく、生涯かけて続けていくものだとわかります。あまりにうまくいき、あまりに柔軟性があるので、やめることなどできません。

最初に自分の小さな習慣を書き留めておくことも、毎日チェックすることも、成功のためには絶対に必要です。この作業を飛ばしてはいけません。小さな習慣の達成をどのようにチェックするかは自由ですが、少なくとも目に見える場所に自分が選んだ習慣を手書きで書いておくことをおすすめします。

スマホなどのアプリを使う

スマートフォンを使いたい人もいるでしょう。私自身はアナログの方法を好みますが、スマートフォンのほうが優れている点もいくつかあります。まず、どこにでも持ち運べるところが便利で、休暇を過ごすときは海外にだって持っていけます。そして、目で見て確認しやすく、お知らせ機能も利用できます。小さな習慣を忘れないように思い出させてくれるアプリもあり、行動開始の合図を出すツールとしても使えます。

小さな習慣に役立てられる優れたアプリをいくつか紹介しましょう（ｉＯＳまたはアンドロイド版）。

（注意：アプリのなかには「もっと水を飲む」のような、あいまいな習慣をすすめてくるものもあるかもしれません。私もまさにこの「もっと水を飲む」という目標をすすめられた経験があります。この指示には決して従わないでください。「もっと水を飲む」とはどういう状況をいうのでしょうか？　シャワーを浴びているときに数滴の水を飲み込んだとしたら、それで十分なのでしょうか？　あいまいな目標は測定が不可能ですから、はっきりと「成功した」「失敗した」のフィードバックを与えてはくれません。行動を強化するには具体的なフィードバックが不可欠です。あなたの小さな習慣をできるかぎり具体的に、本当に小さくしてください。たとえば、水を飲むことであれば、「グラス１杯の水を飲む」を――なんでもいいので開始合図を加えて――小さな目標として設定してもいいでしょう）

iOS用アプリ（無料）

デジタル追跡を選び、iPhoneを持っているのなら、**「モメンタム」（Momentum 日本版もあります）**か**「プロダクティブ」（Productive 英語アプリ）**がおすすめです。**あなたが設定したどんな習慣でも毎日の進行状況をチェックすることができ、小さな習慣と完璧になじみます。**何日続けて達成できたかもわかります。

「小さな習慣」を実践しているファンが開発した、99セントで利用できる非公式のアプリもあります（私自身は開発に加わっていません）。このアプリは小さな習慣の達成だけでなく、どれだけ「おまけ」を加えられたかを追跡することができます。

アンドロイド用アプリ（無料）

私はアンドロイドのスマホを使っているので、もし大きなカレンダーを使わないとしたら、おそらく**「ハビットブル」（HabitBull** 英語アプリ）か**「ループ」（Loop** 英語アプリ）を利用すると思います。どちらも習慣を達成できたかどうかの表示がとても見やすく、ハビットブルはウィジェットとしてホーム画面上に置くことができます。

「ハビット・ストリーク」（Habit Streak 英語アプリ）も人気のアプリです。お知らせ機能があるので、小さな習慣を始めるように促す合図として使うほか、就寝前のチェックを忘れないためにも使えます。

ほとんどのアプリは習慣を何日達成できたかをチェックすることができます。小さな習慣に言い訳は通用せず、100パーセントの成功率を目指すのが基本ですが、何かのっぴきならない事情で――小さな習慣を達成できないほどの非常事態のために――1日だけできなかったとしても、それでがっかりする必要はありません。もし続けて2日やりそこなったとしたら、何かが間違っている証拠です。小さな習慣は本当に簡単にできるものばかりですから、2日続けてできないなどありえないのです。不測の事態は起こりますが、それほど頻繁に起こるとは考えられません。

もう一度繰り返しますが、**小さな習慣としてあいまいな目標を設定するのはやめましょう。**あいまいな目標や習慣は焦点が定まらず、まったく意味がありません。

デスクトップ／ラップトップ用

デスクトップ用の最もシンプルで優れた習慣追跡ソフトは**「ジョーズ・ゴール」(joesgoals.com** 英語ソフト**)**だと思います。これは本当にシンプルなソフトです。また、オンラインで利用できるカレンダーも数多くあります。

私の友人のハリー・チェは、**「ゴールズ・オン・トラック」（goalsontrack.com** 英語ソフト）という目標設定・習慣追跡ソフトを開発しました。私がこれまで使ってきた目標設定ソフトのなかでも、いちばん気に入ったのがハリーのものです。これを使い始めてから、みるみる成果が上がりました。彼のプログラムには追跡機能も備わっているので、もしあなたが何でもそれひとつですむ目標設定・追跡ソフトを探しているのなら、これをすすめます。

全体としてみれば、**パソコン用アプリよりもモバイルアプリのほうが優れている**ように思えます。それは、デスクトップやラップトップにはスマートフォンのように、いつでもどこでも使える便利さがないためです。

ふたつの目標を同時に叶える「コンボプラン」

こうしたアプリやウェブサイトから、健康的な習慣についてのアイデアを得ることもできます。もし本当にそうしたアイデアのどれかを気に入ったときには、レパートリーに加える前に、あなた自身で小さな習慣にしてください。毎日100回の腕立て伏せにトライするのは楽しそうに思えますが、途中であきらめることになれば楽しくはありません。それよりも毎日1回の腕立て伏せを目標にして、続けて200日その小さな目標を上回るほうがずっと楽しいでしょう。小さな習慣のアイデアは、http://minihabits.com/mini-habit-ideas/でも紹介しています。このページは定期的に更新され、つねに新しい習慣と「コンボプラン」を加えています。**コンボプランは、一緒にするとうまくいく習慣を組み合わせたもの**です。おもに楽しむことを目的にしたものなので、たとえばフィットネスと書くことを組み合わせたものなら、あなたは自分に「フィット・ライター」のような格好のいいネームをつけられます。「フィット・ライター」向けプランには、たとえば毎日の小さな習慣として次のものが考えられます。

- ・腕立て伏せ1回（または同程度の別の運動）。
- ・50ワードの文章を書く。
- ・本を2ページ読む。

ステップ6

小さく考える

もっと高い目標を目指せるのに、なぜこれほど小さな習慣にしてしまうのでしょう？　そして、小さな目標で止まってしまったらどうなるのでしょう？　それでもまだ役に立つのでしょうか？　もちろん、役には立ちます。そして、それは意志の力に関係しています。

意志の力の強みは、強化できるということです。鍛錬を積んだ人というのは、意志を鍛えた人のことです。ただし、**意志の力は何かの行動をスタートさせるために使われる**ものです。ジムで見かける見事な体型の人たちは、もう自分に運動を強いる必要はありません。実際にはもう意志の力を必要としていません。それは、運動が彼らの脳のいちばんのお気に入りの行動になったからです。あなたが運動を習慣にできたころに、自分の脳に向かって、「なあ、僕たちは運動する必要があるんだ」と訴えると、脳はこう答えてきます。「こっちはすでにランニングマシンのほうに向かっていたんだ。遅れずについてこい！」。

習慣づくりの道のりであなたに必要となるのは、次の3つです。

- ・意志の力を強化する。
- ・つねに進歩が見られる。
- ・意志の力を消耗させない。

この3つのどれかひとつでも失うと、問題が生じます。いつも自制心が足りない状態で平気な人などいるでしょうか？　生活に改善が見られるまで3カ月もの〝訓練〟を望む人などいるでしょうか？　意志の力が消耗してへとへとになりたい人などいるでしょうか？　おそらく、そんな人はひとりもいないでしょう。この3つのむずかしい注文を見ると、自信を持って答えられないかもしれません。それでも、小さなステップはこの3つの必要すべてを満たします。では、ひとつずつ見ていきましょう。

意志の力を強化するための小さな習慣

強い意志の力があっても、それが一日に2時間しか使えないなら何の役に立つでしょう? 私たちは一日を通じて意志の力を維持したいはずです。ジムで耐久力を鍛えるトレーニングには、軽いウエイトを何度も持ち上げるというメニューが含まれます。これは筋肉の耐久力を鍛えるものです。小さな習慣も同じです。私たちは自分自身にほとんど意志の力がいらない課題を与えますが、それを頻繁に繰り返します。腕立て伏せ1回をするのにほとんど意志の力は必要ありません(ただし、あなたが考えるよりほんの少しだけ多く必要かもしれません。何かを始めるのがいちばん大変なパートで、そのときに意志の力が使われるからです)。

こうして**簡単な課題を繰り返し自分に強いているうちに、意志の力が強く**なっていきます。これは**練習**なのです。

進歩が期待できる小さな習慣

小さな習慣についての最大の疑問は、一日に1回だけ腕立て伏せをするとか、ひとつだけポジティブなことを考えるといった習慣に、どれだけ意味があるのかということでしょう。この問いへの答えを見つけるため、あなたが自分で試してみて、何が起こるかを実体験するのもひとつの方法ですが、この問いには論理的な答えを見つける必要があります。一見して意味がないように思えるちっぽけな課題をこなす練習が、実際のところ、どれほどの結果をもたらすのでしょう？　結論をいえば、この方法はふたつの形で報われます。

モチベーションを生み出す

自分が行動を起こしている姿を見ると、何よりも刺激とモチベーションが高まります。実は、これが小さな習慣の大事なポイントなのです。何かをしようという気持ちが十分に高まると、もう意志の力は必要ありません。私たちが小さな習慣を始めるときには、わずかな意志の力に100パーセント頼っていますが、設定目標以上をこなすかどうかを決めるときには、モチベーションが一定の役割を果たします。私はたいてい、小さな習慣を始めたとたんに、モチベーションがぐっと上がるのを感じます。しかし、行動を始める前からその状態になることはめったにありません。小さな習慣はモチベーションを否定するのではなく、モチベーションを生み出すのです。私は10年間、先にモチベーションを上げる方法をあれこれ試しては失敗してきました。だから、私にとってモチベーションは失敗のイメージが強く、少しばかり腹立たしく思っています。

私が小さな習慣をするときには、ほとんどいつも目標より多くをこなします。ほとんどいつもというのは、90パーセントを優に超えるくらいという意味で、目標より多くというのは、かなり多くという意味です。レイズのポテトチップスの広告に、「絶対に一枚だけではやめられない」という有名なキャッチコピーがありました。そう、1回の腕立て伏せや、数ワードを書くだけではやめられません。**いったん始めると、もっとやりたくなってきます**。そこまでくると、やめるのと同じくらい続けるのは簡単です。でも、もし続けないとしたら？　もし毎日最低限のことしかやらないとしたら？　すべての希望は失われてしまうのでしょうか？　そんなことはありません。

本当の習慣につながる

小さな習慣を使うと、一日に50ワードを書くという目標が、結果的には毎日2000ワードを書く習慣に発展することもあります。ただし、そのレベルまで達するには時間がかかります。たとえ最低限の目標をこなすだけでも、小さな習慣として続けさえすれば、それは本当の習慣として定着し、目標以上をこなすのもどんどん簡単になっていきます。なかには忍耐力が最大の課題になる人もいるでしょう。あなたは一日に50ワードを書く人になりたいわけではありません。一日に4000ワードを書く人になり、できるだけ早く夢を実現させたいのです。そんなあなたに朗報があります。もし一日に4000ワード書けるのなら、そうしてください。**小さな習慣には上限はありません。**全力で取り組み、自分を酷使してください。翌日もまだ小さな課題をこなせるかぎりは、問題ありません。

結論をいえば、たとえ小さな課題を最低限こなすだけでも、それは習慣になります（規模が小さいので比較的早く習慣化されます）。いったん習慣になってしまえば、それをさらに発展させていく態勢が完璧に整います。文字どおり、「完璧」です。何かをもっとたくさんするための**完璧な準備は、その行動のもととなる習慣を身につけている**ことなのです。

忘れないでください。小さな習慣は決してあなたを後戻りさせません。「本当の目標」は毎日２０００ワードを書くことかもしれませんが、その数字は最低限の目標にもなれば上限にもなります。あなたは２０００ワード書いたことに満足して「これで十分だ」と考えるでしょう。私は50ワードという目標を設定し、一日に５０００ワード以上書いたこともあります。この違いを理解しておくことは重要です。間違った考え方をしていると、小さな目標は行動にブレーキをかけるものになりかねません。

もしあなたが今すぐに目標をレベルアップしたいなら、そうしてもかまいません。もし望むなら、へとへとになるまで努力してください。私がこれを言うのは、**力強いスタートを切れば、それだけモチベーションを上げられる可能性が高まる**からです。

意志の力の消耗を和らげる小さな習慣

小さな習慣がすばらしいのは、**やりそこなっても言い訳ができず、失敗を恐れる必要はなく、罪の意識を感じずにすむ**からです。たとえ意志の力を使い果たしていても、やるべき課題は本当に小さなものなので、どうにでもやり遂げる方法を見つけられるはずです。私はどんなに意志の力が不足しているときでも、腕立て伏せを1回する、本を2ページ読む、50ワードの文章を書くという課題すらこなせないと思った日は一日としてありません。一度もです。以上のようなさまざまな理由のために、小さなステップはあなたの歩みを止めません。それが成功の秘訣なのです。

ステップ7 スケジュールを着実にこなし、期待しすぎない

人生において期待という感情は厄介なものです。一般には、自分に高い期待をかけると

可能性が広がるので悪いことではありません。言い換えれば、自分でもっと立派な体型になれると信じなければ、そうなることは決してないでしょう（それは自己肯定感に関する研究で証明されています）。**信じる気持ちが**何かをする能力を高めるのではありません。**努力しようという気持ちを高める**のです。もし体型を改善しようとしなければ、それは現実のものにはなりません。

しかし、一日に12キロ走るとか、3000ワードの文章を書くといった種類の目標に関しては、高い期待は避けたほうが無難です。あなたはやがて、ターゲットとする目標が〝こっそり膨れ上がる〟現象に直面するでしょう。たとえすぐ目につくところに自分の小さな習慣を書き留めていても、あなたの脳は最近20日間の達成度をチェックし、目標の50ワードではなく、実際には1500ワード書いていることに注意を向けます（これは最初のころに私が実際に経験したことです）。あなたの脳はつねに意図ではなく、行動を〝登録〟しようとします。

目標以上を達成すると、潜在意識の脳は新たな期待値を設定します。あなたが過去に設定したすべての目標の重みやプレッシャーを放り込んで、そこから割り出した期待値です（これがうまくいかない理由は、すでに述べたとおりです）。そうならないように、**自**

分の毎日の目標は変わっていないのだとつねに意識しなければなりません。目標は一日に50ワードのまま変わっていないのだ、と。もし毎日のようにそれを上回る成果を上げているのなら、目標が低いままだとがっかりするかもしれません。あなたは一日1500ワードの流れを断ち切りたくないからです。この不安を和らげるために、その時点まで（低い目標で）自分がどうこなしてきたかを思い出してください。そして、そうしたければ1500ワードを書き続けてかまわない、ただ50ワードだけで終わりにしても、**絶対に自分を責めたり失敗だと思ったりしてはいけない**、と自分に言い聞かせてください。**50ワードは「成功」**なのです。成功です！　これだけはいくら強調しても足りないくらいです。

このことを間違えると、この本を読むのも時間の無駄になってしまいます。他の方法より優れた小さな習慣の力と効果を自分のものにできるかどうかは、あなた次第です。あなたが自分の目標を小さくして、それを紙の上だけでなく、自分の心にも書き留められるかどうかにかかっています。

もし目標をこなせそうもないと感じることがあれば、自分の心の中で目標が変わってしまっていないか確認してください。あなたは本当に自分の小さな目標を達成しようとしているでしょうか。目標がいつのまにか大きくなってはいないでしょうか？　**大きな目標は**

拒んでください。目標は小さなものに保ち、それを上回ればいいのですから。

どれだけ課題をこなすかに高い期待を持つ代わりに、継続することに期待とエネルギーを注ぎましょう。**人生の最強のツールとなるのは継続する力**です。なぜなら、それが**行動を習慣に成長させるただひとつの方法**だからです。そして、習慣ではなかったことが習慣になるときには、あなたが自分の脳と対決している段階から、脳と力を合わせる段階へと移行したことを意味します。

ステップ8 習慣になる兆しを見逃さない

このステップも、忍耐力の大切さを思い出させるものです。小さな習慣は成功間違いなしの方法ですが、それが本当の習慣になる前にやめてしまい、次の習慣を取り入れようとすると、スキル不足のジャグラーのようにすべてを落としてしまう恐れがあります（私はスキル不足のジャグラーではありませんが、毎日1分のジャグリングの練習を小さな習慣として設定すれば、すぐにうまくなると思います）。

次のものが習慣になる兆しです。

・**抵抗がなくなる**――その行動をしないよりもするほうが簡単だと感じます。

・**一体感**――その行動が自分の一部になり、「私は本を読む」とか「私はライターだ」と自信を持っていえるようになります。

・**無意識の行動**――意識して決断を下さなくてもその行動を始めています。「さあ、ジムに行こう」とわざわざ考えなくても、今日は火曜日だから、あるいはジムに行く時間だからという理由で、当たり前のように荷物をまとめてジムに向かっています。

・**不安がなくなる**――最初のうちは1日やりそこなったらとか、早い段階でやめてしまったらと心配になるかもしれませんが、行動が習慣になると、何か本当に緊急事態が起こるのでないかぎり、自分がそれをやり遂げるとわかっています。

・**日常化**――習慣は感情に左右されません。いったん習慣になってしまうと、「本当に実践できてる！」と興奮することはありません。ある行動がごく当たり前のものに感じられるようになれば、それは習慣です。

・**退屈に感じる**――よい習慣は面白いものではありません。あなたによい影響を与えるものです。その習慣を取り入れたことで毎日の生活が面白くなるということはあっても、行動自体には面白さを期待しなくなります。

小さな習慣をやりすぎないための注意

私が小さな習慣を気に入った理由のひとつは、目標を上回る成果が得られるからです。すでに述べたように、たびたび設定目標を大幅に上回るようになると、つねにそうしようという期待を持ってしまい、必要な意志の力の準備が追いつかなくなる恐れがあります。これについてはよい面もあれば、悪い面もあります。あなたの脳がそれを習慣にしつつあるという面ではいいのですが、すぐにハードルを上げてしまい、小さな習慣の持つ多くの利点を失ってしまうという面ではよくありません。**小さく始め、期待のプレッシャーを取り除くことが、小さな習慣のための成功のレシピ**です。間違いなく目標を達成できるので、できるだけ長くその成功を保ちたいと考えるわけです。

もう一度繰り返しますが、私はあなたに目標以上のことをやってはいけないと言っているわけではありません。設定目標が玄関から外に出るだけなのに、どうしても今日8キロ走りたいのだとしたら、それはすばらしいことです。どうぞ8キロ走ってください。ただし、目標を8キロに修正してはいけません。小さな課題さえ達成すれば、いつでも家の中に戻っていいのだと忘れないでください（そうする自由があっても、普通ならすぐに家に戻ったりはしないと思いますが）。

すぐにもっと多くを達成できないとしても、心配はいりません。私の書くことに関する小さな習慣はすぐに火がつきましたが、読むほうに関しては、つねに目標を大きく上回るようになるまでに57日かかりました。小さな習慣の種類によっては、火花が炎に変わるまでに時間がかかるものもあります。それはおもにその習慣へのあなたの関心の度合いと、最初の設定目標を継続的に上回ることがどれくらいむずかしく感じるかによります。

私はほとんど毎日、目標よりもたくさん書いていますが、どれだけ書くかは自由なので気持ちを楽に保てます。50ワードで終えてもまったくかまわないのですから。もしその日に何か予定が入っていれば、数分で50ワードを書き上げ、残りの一日は存分に楽しみます。目標を大幅に上回るのは、すばらしいことです。目標を上回ることが少ないとしたら？

それでもすばらしいです。ただオーケーというだけではなく、すばらしいといえます。**小さな習慣ではすべての進歩が称賛に値する**のです。というのも、脳を変化させるのは簡単ではないからです。それでも、もう一度繰り返しますが、小さな習慣ならそれが簡単になります。何かとんでもなく大きな目標と格闘し、ガス欠状態になりそうな意志の力をふりしぼって走り抜くことと比べ、小さな習慣はもっと軽々とした足取りでよりよい結果を得られる方法です。

第7章

「小さな習慣」を失敗させない8つのルール

「ルールをよく知れば、それを効果的に破ることができる」

――ダライ・ラマ14世

ルールには破るべきものもあります。小さな習慣のルールは破るべきではありませんが、それでも、ダライ・ラマ14世の言葉は当てはまります。何かをひとたびマスターすると、あなたはそれをルールなしで管理できるようになります。そのためにも、これらのルールの背景にある原則を理解しておくことが重要です。

小さな習慣のルールはいずれにしてもポジティブで役に立つものなので、わざわざ破ることを考える必要はありません。それどころか、もし小さな習慣をなかなか発展させられずにいるとしたら、それはおそらく、あなたが次のルールのどれかを破っているからです。

1．決してごまかさない

小さな習慣をごまかす方法はいくつかあります。まず、最もよくあるのは、「一日に腕立て伏せ1回」などの小さな習慣を選んでおきながら、こっそり**もっと多くの回数を自分に求めること**です。これだけは**絶対にしないように**、**本当に注意してください**。目標以上の成果を自分に課すたびに、それを達成するための意志の力が必要になるからです。

他の習慣づくりや自己啓発の方法と違って、小さな習慣では弱気になるような要素はほとんどありません。腕立て伏せ1回だけでいいのであれば、成功のじゃまをするものなど何もありませんよね？　目標が小さいことは問題ではありません。あなたは成功のために自分の脳を鍛え、いつか成し遂げたいと思う目標の小さなバージョンを着々と達成していくのです（そして、あなたの熱意次第では、その「いつか」はすぐに訪れるかもしれません）。もしあなたが私と同じような結果を得るとすれば、きっと思っていたより早く大きな目標を達成できるでしょう。でも、本当にお願いですから、それによって自分への期待値を上げたりしないでください。**期待を小さくしておけば、もっとやりたくて仕方がなくなります。**始めることでどれほどの力を得たかに気づけば、そして、始めたとたんにいつもモチベーションが追いかけてくると気づけば（始めるまでは休眠状態です）、あなたの生活はどんどん楽しくなっていくはずです。

2.すべての進歩に幸せを感じる

小さな進歩に幸せを感じるのは、ハードルを下げることとは違います。「幸せであれ。しかし決して満足するな」というブルース・リーの言葉は、それをうまく要約しています。

ブルース・リーは32年の短い生涯の間に、普通の人が80年をかけてすることとの2倍は成し遂げました。ですから、彼の言葉には耳を傾けるだけの価値があります。

TED（＊訳注：テクノロジー、エンターテインメント、デザインの3分野で価値あるアイデアを世の中に広めることを目的とするアメリカの非営利団体。世界の名だたる人物が講演をおこなう大がかりなカンファレンスを開催している）の講演者として有名なデレク・シヴァーズが、ある屋外イベントでひとりの男性が野原でダンスをしている動画を紹介しました。その男性は音楽に合わせて激しいダンスを踊っているのですが、ひとりだけでそうしている様子は少しばかげて見えます。ダンスが始まって数秒後、もうひとりが加わります。そして、さらにふたりがやってきます。数秒後にまたひとり。さらにもうひとり。そして、グループが10人になったところで、ものすごい数の人がこのグループに参加しようと押し寄せてきます。数十人が激しく踊っていました。壮観とはまさにこのことです。

でも、すべての始まりは、たったひとりの男性が踊り始めたことでした。

このコンセプトは、小さな習慣であなたに起こることをそのまま表しています。あとから参加した大勢の人は、あなたの眠っている夢と同じです。この夢たちは、恥ずかしがりで行動をとることを恐れています。スポットライトを浴びる場所で踊る自信がありません。

最初に踊った男性は、最初の小さな一歩を踏み出そうというあなたの決意です。それができたとき、あなたは気づくのです。「私は今、本当にこれをしている!」。すると、あなたの眠っていた夢と情熱が駆けつけてきてあなたを励まします。あなたはすでに必要なインスピレーションはすべて持っているのですが、それは眠った状態かもしれません。小さな習慣でそれを目覚めさせましょう。

小さな習慣は脳をごまかすためのシンプルなトリックなのですが、**始まりを重視し、モチベーションよりも行動を先行させ、小さなステップを積み重ねることが大きな前進につながると信じる人生哲学**でもあります。小さな習慣を達成するときには、あなたの中の小さな男性が踊っているのです。彼を応援しましょう。なぜなら彼があなたの成長のためのパーティーを始めてくれたのですから。すべての進歩に幸せを感じてください。

3. 頻繁に自分に褒美を与える

報酬を受け取ること自体が報酬だとしたらどうでしょう? つまり、報酬そのものだけではなく、報酬を受け取ることにも意味があるとしたら? 私たちはふだん、褒美は何かよいことをしたときに受け取るものだと考えていますが、褒美は与えると返ってくるものでもあります。小さな習慣を終えたときに自分に褒美を与えると――それが食べ物でも、夜遊びでも、鏡に向かって自分がどれだけすばらしいかひとりごとを言うのでも――**あなたが与える褒美は、その小さな習慣をもう一度繰り返すように励ます**という形でお返ししてくれます。

最終的には、これがポジティブなフィードバックのサイクルを生み出します。あなたはすばらしい生活を送るのを〝やめられなく〟なるでしょう。それが理想的ではないとしたら、何が理想なのか私にはわかりません。優れた行動はあなたに今だけでなく、あとからも褒美を与えてくれます。健康的とされる習慣の多くは（生のブロッコリーをかじることを含め）、すぐに得られる見返りはかぎられていますが、長期的には大きな報酬が得られます。ですから、早い段階でその活動に何らかの形の励ましを加えておくのがいいでしょう。あとになって以前より自分が健康的に見え、それを実感できると気づいたとき、あなたはそれがブロッコリーのおかげだと思い、微笑むのです。

最初がいちばんむずかしいというのは、行動を始める瞬間だけでなく、習慣づくりの初期の段階という意味でも当てはまります。最初のうちは、目に見える結果はほとんど得られません。つらい運動のあとで体には痛みがあるのに、鏡の中の自分は何の変化もないように見えます。ブロッコリーを食べたあとにも、同じように感じるでしょう。1日目に何か書いただけで、1冊の本ができるわけではありません。しかし、長くこれらの習慣を続けていくと、やがては引き締まって健康的な体になっていたり、何作か長編小説を書き上げたりしています。

自分への褒美を忘れるというのはあまり想像できないのですが、念のため、この「ルール」を含めておきます。

4.冷静さを保つ

穏やかな心を保ち、これが正しいやり方なのだと信じて続けてください。私の習慣はこの何カ月かの間に大きな進歩を遂げましたが、それで興奮しまくったり、高揚感に浸ったりということはありませんでした。小さな習慣は、ときには退屈に感じられるかもしれません。勝者と敗者の違いは何だと思いますか？ **敗者はやっていることが退屈で単調になるとやめてしまいます。**モチベーションの問題ではありません。生涯続く習慣を身につけるために意志の力をどう使い、どう保つかの問題です。

穏やかな心でいることは、習慣づくりに最も適した心構えといえるでしょう。安定していて予測可能だからです。自分が進歩しているとわかると興奮するかもしれませんが、その興奮状態が行動をとるときの基準にならないようにしましょう。プロセスにおくべき信頼がモチベーションや感情に移ってしまうことが、他の多くの方法の失敗の原因なのです。

5．強い抵抗を感じたときは、後戻りして小さく考える

社会一般の〝知恵〟は、強い抵抗を感じても、それを乗り越えて行動しなければならないと教えます。しかし、そんな考えはばかげています。すでに述べたように、意志の力にはかぎりがあり、もし今無理をすれば、あとで疲れ果てて大失敗するのはわかりきっています。次にも今と同じようにできると思うのは、そのときにはもう望みや意志の力が十分に残っていないかもしれないことを考えに入れていません。

その状況を思い描いてみましょう。あなたは運動をしたいと思っていますが、座り込んだまま、本当のところはやる気になれません。強い抵抗を感じます。あなたはどうします

か？　このシナリオでは、あなたは自分のやりたいことをやるために脳をうまく説得できるのであれば、あえて脳と対決したくないと思っています。それなら、**感じる抵抗が最小限になるまで、やるべき課題をどんどん小さくして脳に示し**ましょう。

もしあなたの目標がジムで運動することなら、それをもっと小さくしてジムまで行くことを目標にしてもいいでしょう。本当に調子が悪いときには、洋服ダンスの引き出しを開けるだけで精いっぱいかもしれません。それができたら、今度はトレーニングウェアを取り出して着ることを目標にします。これがばかげて聞こえるとしたら、小さなステップとして成功です！　**ばかげて聞こえるのは、あなたの脳がゴーサインを出している証拠**なのです。こうした〝ばかばかしいほど小さい〟ステップは、腕利きの泥棒が宝石店で監視カメラやセンサーを避けるように、脳のレーダーをかいくぐります。そして、脳に見つかる前に、あなたはジムのランニングマシンに乗っているでしょう。小さすぎるステップなどありません。

それに、喜んでください。たとえあなたが疲れ切っていたとしても、本当に小さいステップなら、その状態からでも行動を起こせます。疲れ切っているのは意志の力が消耗しているからです。これは自分にあまりに多くのことを長く強いているために起こります。それでも、床の上でへとへとになっていたとしても、自分の脳に、「おい、今1回だけ腕立て伏せをできないか？」と呼びかけるくらいならできるでしょう。そのあとは、もっとやりたいと思うようになるかもしれません。そうでなくても、あといくつか〝ばかばかしいほど小さい〟ステップを設ければ続けられるかもしれません。

この方法がどう考えてもふざけていてばかばかしいと思うなら、それはあなたが自分ならもっとできると思っているからです。あなたのプライドが、自分ならそんなに小さなステップに分けなくても大丈夫だと告げています。でも、**どんなに大きな達成も実際には小さなステップで構成されている**ものです。そして、一度にひとつずつこうしたステップをこなしていくのは、劣っているのではなく着実な歩みなのです。私も「腕立て伏せ1回チャレンジ」の最初の1回をする前には、それより〝もっと上〟を目指せると思っていました。たった1回の腕立て伏せなんて価値がないと思っていました（1回拍手するのと同じ程度のことに思えたからです）。しかし、それを30分の筋トレに発展させられたとき、考えが変わりました。ですから、あなたも試してみてください。そして、この方法ならもう自分を止めるものはないと、あなた自身で実感してください。

どんな課題でも、抵抗を感じるときには、私はそれを小さくします。それで問題は解決です。

6. どれほど簡単な課題かを思い出す

自分の小さな課題に抵抗を感じるのは、おそらくそれがどれほど簡単かを忘れているからです。

小さな習慣を始めて1カ月が経ったある日の夜遅く、私は本を2ページ読むことに強い抵抗を覚えました。その前日に何ページ読んだかを思い出し、また同じくらい読まなければならないと考えてしまったのです。そのときに、目標はまだ2ページのままなのだと自分に言い聞かせなければなりませんでした。

もうひとつ、小さな習慣についてのなかなか興味深く、励みにもなる話があります。アレン・カーの『禁煙セラピー』という本に関連したものです。カーの本は禁煙したい人たちを助けるために予想以上の効果をもたらしました。彼の紹介した基本的なテクニックは何だったと思いますか？　カーの本と他の禁煙法の本の違いは何だったのでしょう？

リック・ポーラスがこの本の驚くべき成功について、次のように書いています。

この本の内容でなにより驚かされるのは、おそらくそこになにが書かれていないかだろう。肺がん、心臓発作、脳卒中などのリスクについての統計数字は登場しない。禁煙キャンペーンを展開しているthetruth.comが好みそうな脅し文句は使っていない。くさい息や黄ばんだ歯のせいで、性生活への隠れた脅威になりかねないといった警告も書かれていない。カーは「健康リスクを持ち出して脅しても、禁煙をもっとむずかしくするだけだ」と書いている。その方法は明らかに効果がないのだと言う。（ポーラスは、この本が何度も繰り返しているフレーズに言及しています）。やめるのは簡単だ。やめるのは簡単だ。やめるのは簡単だ。「何度もこの言葉が繰り返されている」と、トンプキンス（ある喫煙者）が言う。「読んでいる間にそのことに気がついた。これは何かの催眠術なのか、と思うぐらいに」。

この本をもとにしたカーの5時間の禁煙セミナーは、53・3パーセントの成功率で、他の禁煙法を圧倒しています（他の方法は成功率が10〜20パーセント）。これは驚くべき数字です。なぜなら、この本に書かれているのはただの情報なのですから。実践の書ではありません。ニコチンを血流に送るパッチでもありません。

それでは、この本の成功の秘密は何でしょう？　鍵となる要素は？　どんな魔法なのでしょう？

彼は喫煙者の意識、無意識に働きかけ、禁煙は簡単だと信じ込ませています。**多くの人が禁煙できないのは、禁煙は大変だと自分で勝手に思い込んでいるから**かもしれません。

小さな習慣を使えば、健康的な行動を生活に取り入れるのは簡単だと信じるようになります。たとえ最初は疑いを持っていても、それが現実になっていくのを実際に見れば、信じるほかありません。

小さな習慣は、あなたの脳と生活をすっかり変えるための方法です。

規則正しい生活とは無縁だった私が、ブログ用に4000ワードの記事を書きながら、どうやってこの本を書き上げたと思いますか？　私は自分に小さな課題を与えました。一日に50ワード書くという課題です。最初の週に、一日平均1000ワード書きました。2週目には1500ワードになりました。3週目には2000ワードになりました。始めたころより努力したのではありません。課題以上をこなすのがどんどん簡単になっていったのです。

小さな習慣で、あなたにも自分の変化を目にできる日が来ることを願っています。あなたの支えとなるのは、生活を大きく変えるために毎日小さなことをする熱意です。

まだ信じられないなら、それでもかまいません。ただ、何が起こるか、ぜひ試してみてください。

7. ステップが小さすぎるとは決して考えない

ステップが小さすぎると思うのは、小さな習慣に間違った角度からアプローチしている証拠です。どんなに大きなプロジェクトも、小さなステップで構成されています。すべての有機体が微小な細胞が集まってできているのと同じです。小さなステップを使うと、自分の脳をうまくコントロールできます。意志の力が弱まっているときには、小さなステップが前に進むためのただひとつの方法になるかもしれません。小さなステップを愛することを学べば、信じられないほどの成果を得るでしょう。

8．あまったエネルギーと野心はおまけに使う。目標は大きくしない

大きな進歩を遂げたくて仕方がないというときには、そのエネルギーを小さな目標をこなしたあとの〝おまけ〟に使ってください。大きな目標は紙の上ではすばらしく見えますが、重要なのは行動だけです。目を見張るような目標を掲げて、あとで失敗してばつの悪い思いをする大勢の仲間入りをする代わりに、ばつの悪い目標を掲げて圧倒的な成果を上げる人になってください。

小さな習慣のオプション――小さな課題は徐々に増やす

小さな習慣には修正版があります。 自分が設定した課題の規模を徐々に大きくしていくものです。私自身はこれをするのは好みません。**課題を大きくすると、自由、自主性、柔軟性を失う**からです。私自身の小さな習慣に関しては、レベルアップの必要を感じたことは一度もありません。課題の規模が私に影響を与えるのは、ぎりぎり最低限のことしかこなせないときだけだからです（そうした日には、最低限の課題が本当に簡単なものでよかったと思います）。

目標をレベルアップさせる理由があるとしたら、毎日最低限のことしか満たしていないと気づくからでしょう。それでも私なら、修正する前に少なくとも1カ月は待つと思います。最低限の課題だけで終わる日がずっと続いているのなら、その小さな習慣は他の人と比べて、あなたには効果がないのかもしれません。それでも、安全策があることを忘れないでください。**最低限の課題をこなすだけでも、小さな習慣は本物の習慣に変わります。**そして、小さな習慣にしておけば、あとで規模を増すのも比較的簡単です。

厳しい目標のほうがうまくいくのなら、考えてみる価値はあります。それでも、行動が習慣になるまでは、ハードルを上げるぶんだけリスクも高まります。もしそうすると決めたのなら、本当に少しずつ変更を加えてください。

習慣になってしまえば、もっと高いレベルの課題を実験していけます（毎日腕立て伏せ1回の習慣が、半年後にはジムでの本格的な筋トレにレベルアップしたように）。あなたはもうそのころには頑丈な基礎を築き、意志の力も強化していますから、より大きな課題も達成できるようになっているはずです。しかし、何度も言うようですが、**小さな課題でよい結果を得ているのなら、急ぐ必要はない**と思います。

その習慣をレベルアップする前に、最低限の課題をこなせるようになるのに60日が必要かもしれません。私にとっては読むことがそうでした（すでに述べたように、大きな改善が見られたのは57日目のことでした）。

腕立て伏せについても、一日に1回から始め、6カ月ほどは毎日1回から20回しかできませんでした。たまにジムで運動することもありましたが、最初のうちはそれが精いっぱいでした。6カ月目の後半になって、週に3回ジムまで車で行くという目標に変えました。最初は本当にそれができるのか半信半疑でしたが、「腕立て伏せ1回チャレンジ」で運動するための自制心と意志力を強化していたので、この大きな前進も以前より簡単な目標になっていました。

この本は、**健康的な新しい習慣を身につける方法を教えるだけでなく、自己管理のためのガイド**にもなります。この本を読んだあなたは、自分の脳がどう働いているのか、なぜモチベーションではだめなのか、どうしたら意志の力を長持ちさせられるかがわかったと思います。こうしたテクニックをさまざまな状況で使ってみてください。**小さな習慣の使い方がうまくなるほど、生活のすべての面でより多くの成功を手にできる**でしょう。

本書はこれで終わります。楽しんでいただけたでしょうか？　この本の終わりがあなたにとって、刺激に満ちた小さな習慣の旅の新たな始まりになりますように。あなたが小さな成功を、何度も何度も繰り返していけるように祈っています。

スティーヴン・ガイズ

もっと知りたい方は

小さな習慣のアイデアについてもっと情報を得たい方は、minihabits.comを訪ねてみてください。

本書の読者には、小さな習慣修得ビデオコース（Mini Habit Mastery Video Course）（＊訳注：英語のみ）の70パーセント割引の特典をプレゼントします。このコースには3・5時間のオンデマンドビデオがつき、小さな習慣を使った悪習慣の克服法も特集しています。udemy.comのコースにアクセスし、クーポンコードの欄に「minibook」と入力してください。

コース：https://www.udemy.com/mini-habit-mastery/

私のメインブログ、stephenguise.comでは、小さな習慣、小さなステップ、集中法、ミニマリズム、生活改善に関する研究レポートと楽しい情報を提供しています。

また、「Tuesday message（火曜日のメッセージ）」の購読もおすすめします。これは私が毎週火曜日に、生活向上に役立つ情報を発信しているメールマガジンです。もちろん、小さな習慣についてもたくさん書きたいと思っています。購読登録された方には、私の最初の本、『Stress Management Redefined : 8 Steps To Remove Stress Before It Kills You（ストレス管理法の再定義――限界に達する前にストレスを解消する8つのステップ）』を差し上げます。8000ワードのコンパクトな本で、楽しく読むことができます。さらに、購読登録すると、私が考案した集中力を高めるツールボックスへのアクセスも可能になります。集中力強化を助ける優れた情報が満載で、すべて無料で提供しています。

ウィークリーメッセージ：http://stephenguise.com/subscribe/

［著者］
スティーヴン・ガイズ（Stephen Guise）
2004年より、自己成長ストラテジーの調査と執筆を行っている。2011年にブログ「ディープ・イグジスタンス」を立ち上げ、ホワイト・ダヴ・ブックスによって2012年の自己啓発ブログ第1位に選ばれた。「ライフハッカー」「マインド・ボディ・グリーン」「タイニー・ブッダ」「ピック・ザ・ブレイン」などの人気ブログに寄稿している。本書は、アメリカだけでなく韓国でも翻訳されヒット作となった。

［訳者］
田口未和（たぐち・みわ）
上智大学外国語学部卒。新聞社勤務を経て翻訳業。主な訳書に、『英国の幽霊伝説』『ピザの歴史』『図説世界を変えた50の哲学』（以上、原書房）、『デジタルフォトグラフィ』（ガイアブックス）、『悪魔の取引』（CCCメディアハウス）、『子どものための世の中を生き抜く50のルール』（PHP研究所）、『インド 厄介な経済大国』（日経BP社）がある。

小さな習慣

2017年4月26日　第1刷発行
2025年1月31日　第16刷発行

著　者――スティーヴン・ガイズ
訳　者――田口未和
発行所――ダイヤモンド社
〒150-8409　東京都渋谷区神宮前6-12-17
https://www.diamond.co.jp/
電話／03･5778･7233（編集）03･5778･7240（販売）
翻訳協力――トランネット
装丁――――轡田昭彦
本文デザイン―中井辰也
イラスト―――ほらぱれっと　ほらほらたん
製作進行――ダイヤモンド・グラフィック社
印刷――――ベクトル印刷
製本――――ブックアート
編集協力――落合恵
編集担当――土江英明

ISBN 978-4-478-06577-8